《正五行擇日秘法心要》

繼大師

自序

繼大師

繼《正五行擇日精義》一書出版後，筆者繼大師不敢鬆懈，夜夜寫作不斷，務求將本人所學心要筆錄於書，所謂：

「大匠能授人規矩。不能使人巧。」

本人只是將正五行擇日之個人經驗、見解述說一遍，但這些見地，乃心中之悟境，若沒有人提點，恐怕學者會費時失事，入若無門，以致卻步，此書乃本人之心血結晶，其例子個案，均用上近代或數十年後之日課。此書內容程序是：

（一）公開正五行擇日之年、月、日、時使用法，其中一般人少有論及之正四廢日使用法、破時及破日之概念、十二日神法、四大吉時、「五不遇」用時法等。

（二）詳述雙山五行法之概念及與正五行擇日之相配使用法、日課尅洩法、動土犯神煞論等。

（三）首度公開五合六合正五行擇日秘法之全部用法及日課之應驗。

此書之內容屬正五行擇日法之深造研究程度，適合深入鑽研此道者，甚至職業擇日師研讀，其程度之深入，在一般坊間實在少有，其重點大部份以陰宅造葬為主，而扶山補龍、相主增福尤最適合，可以說是為陰宅造葬而寫的一本正五行擇日秘法之書籍。

閱讀此書時，讀者必須具備正五行之基本常識，最好有子平八字命理基礎學問。此書是以古代楊筠松先師之擇日造命法為主，配以日課實例，並以真實個案之尅應作解說，其中有筆者恩師　呂克明先生所作之日課，其所應之生人，極與日課相合，此古法擇日之準確程度，實在非常細微，適合職業風水師參研。

筆者繼大師不惜冒著洩露天機之險，將此正五行擇日秘法全部剖析無遺，公諸於世，其目的，是不想人們錯用日課造葬山墳而致招凶。

在現今社會裡，很多人不著重造葬之日課，甚至輕視之，筆者眼見因錯造山墳及誤擇日課者甚多，以致後代遭來橫禍，輕者破財生病，重者家散人亡，此種情況，實不忍見。故此，將　呂師傳下之正五行擇日秘法公開，再加上筆者個人之經驗心要，作一有系統之編寫，且引經據典，以古人之作法為依歸，其中有本人對雙山五行配日課之個人見解論述、六合五合之擇日秘法心得、貴人登天門時（神藏殺沒四大吉時）、「五不遇」時、正四

廢日等，這些論述及使用法，一般很少在書本上公開解說得如此透徹清楚。

若有正五行及子平命理學問基礎的人，研讀此書，必定有所得著，不難成為擇日師。

本書命名為：

《正五行擇日秘法心要》

筆者繼大師一再聲明：凡用《正五行擇日秘法心要》內容及精髓與人擇日造葬作業餘或職業賺錢，或教授本書內容作賺取利益，其人若行於正道，則其功德自作，福報自享。

凡用「正五行擇日秘法心要」內容及精髓與人擇日造葬作業餘或職業，或教授本書作賺取利益，若騙人金錢、取人利益、騙財騙色，其人所作惡事，業報自受。與作者繼大師無關，因果自負。

不論人們對繼大師作何種看法，筆者實已將「應說之話」說了，責任已了，更不想日後與任何人有瓜葛，筆者仍相信一句：

「各人因果各人負」

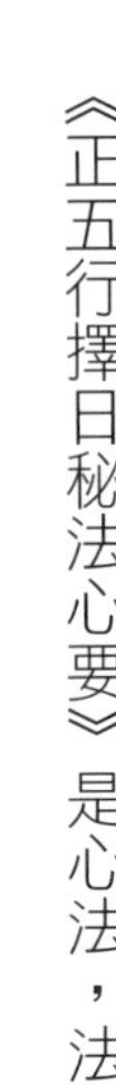
《正五行擇日秘法心要》是心法，法是中性的。

擇日秘法用於正道則正
擇日秘法用於邪道則邪

此擇日秘法是指「有証有驗」之擇日法，或許秘法不止一種，是謂「各師各法」。不過，若然以「法」謀取暴利色慾，則錯不在「法」，乃在於人之用心也。

站在另一個角度來看，假若有人認定此正五行擇日法是正法，或許認為筆者實已公開太多秘密。若人們從書本中學得，那麼教授正五行擇日法之老師們，生意肯定有影響，這樣筆者又要揹上「斷人財路」之罪名也。但筆者相信正五行擇日法雖然已公開，但其真正用法必須心傳口授，否則，仍然會有出錯機會。至於看此書而錯擇日課用事以致誤人，這又是個人因果自負。

若有人替人擇日造葬或用事，是給人賜福，擇日師本人應具備功德力，或唸經持咒力，或禪密修持力，或道法加持力，或善福之力等，或勸善濟施之功德力，否則自己本身因承擔別人因果業力，會產生惡運，或有病痛不等。筆者有一位同門師兄，因替人家修造陽宅風水，由極衰之向改為極旺，以致其人大病一場，時冷時熱，身體衰竭，力不

從心，夜不能眠，神經衰弱……諸多病痛一同顯現，打針吃藥無數，經過約年半時間，病痛才慢慢康復。此乃替代業力之苦也。

他經過此劫後，日後給人看風水頗要小心了。奉勸諸君，凡事量力而為，不可勉強為之，若以風水擇日為業，當以勸善濟世為本，否則神通難敵業力，果報思毫不爽，若然未報，時辰未到。此即風水、擇日之方便法門，若人們受風水及擇日用事後而得福，當思普濟勸善，多作福德事業，則福份綿長。倘若以此道求個人無窮私慾，則福不久遠，甚至禍在後頭，不可不知也。以上所論只是繼大師個人經驗心得之談，相信與否，隨緣信受吧！是為序。

寫一偈曰：

擇日秘法揭
是為眾生設
果報非無情
替代化惡業

繼大師寫於香港明性洞天
辛巳年孟夏吉日

（一）正五行擇日之用年法

繼大師

正五行擇日法中，以流年所遇干支為太歲，六十花甲循環不息以值流年，是為六十太歲星君。太歲「可坐」亦「不可坐」，其原因是：

太歲可坐 ── 值流年太歲之山有十二支辰，太歲以地支為重，天干為輕，在羅經中之廿四山方位，只有十二支辰是坐太歲，其餘八天干及四隅卦不犯。若陰陽二宅修造，逢太歲到坐山，是「坐太歲」，如有紫白星飛臨太歲方，是曰：「太歲疊吉星」，紫白之一、六、八、九是吉星，則雖逢太歲，仍可修造，但太歲方不可正沖祭主年命，若逢之，則要避開也。

筆者繼大師舉一例子如下：

有甲子年命生人，在二〇〇八年（戊子年）造葬子山午向，是坐山逢太歲，祭主人命亦逢之。

現擇日於二〇〇八年戊子年陽曆九月一日辰時，日課四柱是：

戊子　年
庚申　月
甲辰　日
戊辰　時

甲子年命及子山午向逢戊子年是太歲，祭主、坐山及日課相配下，其好處是：

（一）天上三奇甲、戊、庚，日柱甲干同旺甲命，日課地支申、子、辰三合水局與子命同合而生旺。

（二）日課地支三合水局，配以子山，是同旺水局，旺山命。

（三）二〇〇八年戊子年是流年紫白一白入中，六白吉星飛臨一白坎宮北方，是吉星重疊於太歲方，故可修造。

若逢有午命祭主，是正沖太歲，決不可修造。

又若逢修造之山是午山，是正沖太歲，又曰「歲破」方，是大凶，故不可修造。

太歲不可坐 —— 流年太歲支辰到修造之坐山，是山坐太歲方，若逢五黃、二黑，或都天之煞臨山，是凶星疊方，不可修造。

舉兩例子如下：

（一）於二〇一一年辛卯年修造卯山酉向，查二〇一一年是紫白年星七赤入中宮，順飛各宮，年星五黃飛臨東方甲、卯、乙三山，是五黃到山，於卯年修造卯山是犯太歲，逢五黃同到，是凶星重疊，不宜修造，宜避之。

（二）於二〇一七年丁酉年修造酉山卯向，是為坐太歲方，丁酉年以壬寅起正月，戊申七月，己酉八月，戊、己屬土，所臨地支是戊己都天煞，是陰府。

丁酉年之酉方正犯都天煞方，是凶星臨太歲方，決不可修造。

楊公有云：**「太歲疊吉星。則貴福。疊凶星。則降禍。」**

此例則是太歲逢都天煞，不可在太歲頭上動土修造。

至於在流年修山動土，最忌是歲破方，歲破即是太歲對宮方位之山，如子年歲破是午，丑年歲破在未方是也。楊公曰：

「太歲可坐不可向……吉莫吉於修太歲。凶莫凶於犯太歲。」

由於太歲是眾煞之主，號星中天子。故曰歲君，其力量最大，決不可對沖太歲而犯之，犯太歲有兩種：

（一）凶星臨太歲方而修造太歲方。

（二）不論凶、吉之星臨太歲對宮之山方，是太歲所沖之辰支，若修造此方，是沖犯太歲。

在《廣聖曆》有云：

「戰伐向之吉者。蓋向歲破即坐太歲。而敵人乃居歲破之位。然則仍是太歲。非用歲破也。」

此段說明古代行軍作戰，使用坐太歲有利之方而攻擊敵人，是時間及方位上所佔有利位置。

例如子年歲破方在午，丑年在未，寅年在申方，皆如此類推。

茲列表如下：

歲支	太歲	歲破大耗
子	子	午
丑	丑	未
寅	寅	申
卯	卯	酉
辰	辰	戌
巳	巳	亥
午	午	子
未	未	丑
申	申	寅
酉	酉	卯
戌	戌	辰
亥	亥	巳

而歲破方又名大耗，是歲中虛耗之神，如物件被擊則破，沖則散，散則耗。

使用流年太歲干支，最好與坐山成三合，六合次之，貴人祿馬吉神到山及人命，或互為貴祿，或五行相生，若坐山人命逢太歲年尅，則取月、日、時餘柱日課補助之，切忌刑沖破害，若沖或鬪太歲，是臣犯君，最大凶險也。

《本篇完》

（二）正五行擇日之用年、月法

繼大師

在正五行擇日法中，以月令分四季，即：

春天——寅月、卯月、辰月——木旺
夏天——巳月、午月、未月——火旺
秋天——申月、酉月、戌月——金旺
冬天——亥月、子月、丑月——水旺

辰、戌、丑、未月旺於四季，故取月干支要配合太歲之年，亦視乎祭主及山命，日課取成格成局最好，或取生旺坐山，月干支要合年干支，或取吉星到月令。

例如在二〇四三年癸亥年用事，若配卯山、乙山、甲山、巽山、寅山（屬木之坐山），可擇農曆二月、十月、六月、正月，即取三合之月，次取六合之月，或取三會之月，即：

（一）癸亥　年
　　　乙卯　月

若取乙卯月，則日課地支取未日未時，或未日卯時，或卯日未時，或亥日未時，以日課地支成亥卯未，天干可取乙、癸，次取丁、己、辛干，視乎祭主年命。

（二）癸亥　年
　　　癸亥　月

如取癸亥月，可取卯日未時，或未日卯時，或取天地同流格之四癸干支（二〇四三年陽曆十一月十六日亥時），坐山以配亥山或癸山為佳，是取同旺之氣。

（三）癸亥　年
　　　己未　月

若取己未月，則可取卯日未時，或卯日亥時，卯日卯時，或未日卯時，地支成三合木局，配以屬木之坐山，取日課天干則與前同。

（四）癸亥　年
　　　甲寅　月

如取寅月，地支與歲支成六合木局，則可取亥日寅時成雙飛蝴蝶格，或取甲寅日丙寅時配寅山成地支三朋格，或取甲寅日甲戌時，配以甲山成天干三朋格，或取庚寅日戊寅時，配以寅山及未、丑人命成天上三奇格。

除取亥日寅時外，日課亦可取甲寅日之乙亥時，日、時支寅亥合木，加上亥年、寅月支亦六合成木局，大旺木山。

（五）癸亥　年
　　　丙辰　日

若于癸亥年辰月配以屬木坐山，地支則取子日申時最好，申日子時次之，是取地支三合水局生旺木山，或取卯日寅時，或寅日卯時成三會木局，亦同旺木氣，天干取甲、乙木及壬、癸水為主。

（六）癸亥　年
　　　甲子　月

若取子月，則配丑日子時，或丑月亥時，或丑日丑時，地支三會水局旺木之坐山，天干取癸、壬、甲、乙為主，庚、辛次之。

選取月令，切忌在破月、破日及破時，破則凶矣，以四柱之干支配合坐山及人命，以正五行之氣論之，取貴人祿馬、三奇八節諸吉星到山及人命最宜，這是繼大師擇日之個人心得，細玩自明白。

《本篇完》

（三） 正五行擇日之用日、時法

繼大師

在正五行擇日法之選擇日課中，有時候是年、月已定，只欠日、時，而用事只限於該月，例如有人病逝，在現代來說，大部份沒有擇日而葬，在陽居入伙或商店開張，基於租約及裝修之時間所限，年、月已定，唯有日、時可選取，在這情況下，日、時之取捨是很重要的。

例如二〇〇六年丙戌年癸巳月用事，配以艮山坤向，戊寅年命，日課可取陽曆二〇〇六年五月廿五日午時。

日課四柱如下：

丙戌　年

癸巳　月

甲寅　日

庚午　時

日課以甲寅日及庚午時，取地支寅午半三合火局生旺艮土坐山，日課甲干之祿到寅命，寅日支是同氣，命、山俱生合。

若取同月陽曆五月九日午時，日課四柱如下：

丙戌　年
癸巳　月
戊戌　日
戊午　時

日課地支戌、午、巳戌火土一片而生旺艮山，日、時支午、戌邀寅而拱三合火局，正是寅命支。天干戊癸合化火，旺火生艮山，兩戊是同旺戊命。

若取同月五月十六日巳時或午時，日課四柱如下：

丙戌　年
癸巳　月
乙巳　日
辛巳　時

日課取三巳火生艮土山，為印局，時柱辛干之貴人到艮山（艮、寅同雙山五行組合）及寅命，癸月干之貴人到地支三巳火上，歲干丙祿亦到三巳火支上，大吉之日課。

若作午時，日課四柱如下：

丙戌　年
癸巳　月
乙巳　日
壬午　時

此日課亦可以使用，地支是午、巳、戌，火土生旺艮山，天干壬、癸之貴人到巳支上，但要留意，取火旺局要小心，切勿遇上土符、土府、土王用事及五黃、二黑的紫白星同臨宮位，會使土煞加強，因火生旺土之故。

取日、時干支，以貴人祿馬到山及命為主，最好日祿或日貴到時支，而時干之貴祿又到日、月支上，到歲支次之。又可取日干與月干成六合，或日課之日、時干與月或年成天干三奇格亦可，總之，日、時之變化可作更多的選取。這是繼大師個人之見地，諸君不妨一試。

《本篇完》

（四）論日課破時破日可取否

繼大師

在正五行擇日法中，古法是不取破時的，即日與時之地支相沖，在《選擇求真》卷二用時法中有云：

「古人多用建時。決不用破時。」（建時，即時支與日支相同，如午日之午時。）

破時之中，除時支與日支相沖外，亦有：

時支與月支相沖

時支與年支相沖

古人楊公先師曾擇一日課配酉山卯向及祭主丙午年命人，日課四柱如下：

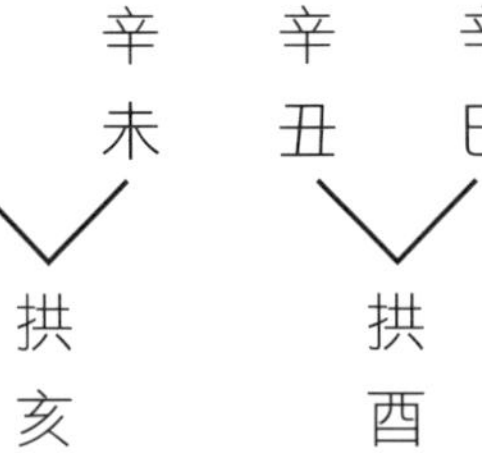

此日課是丑月沖未日，雖不是用破時，但使用破日，一般用事不取破時，但時下人喜歡用破日，「破日」有破壞之意，若用在破土，則好與壞的土均一同破掉，破則散，何以能扶山呢？如犯神煞，則可擇日化解之，繼大師認為：

（一）若逢三煞方，則不宜動土、修山及造葬，但可取地支作半三合或三合制之，但不可沖破坐山。

（二）若逢歲破方，則不宜造葬安碑或安骨，或安放骨灰，若有人剛去世而下葬，古法則人死後三天內不忌時日，如過三天，則取月或日或時支而合太歲地支，使免沖歲破方，但只是權宜方便之法。

（三）若逢五黃方，則不宜動土、開山及造葬，若非不得已，則取太陽到向，或與坐山之三合方照之，則可化解一二。

至於撿取骨殖，亦不應選取破日，應取旺祭主之日課，其原理是：

（一）撿取骨殖，該骨骸已離開該土地，不受其地氣影響，若取破日而日課又沖犯祭

主，則福主必有凶應，不可不知，取一般日課而沒有沖犯祭主即可。

（二）撿取骨殖，是離開被受控制之地氣，所以不忌，但再次放骨殖之日課，則非常重要，因放下骨殖入土，必受地氣影響，相等於生人出生之八字而影響一生，道理是一樣的。

古法日課不取破日破時，除非得其法而使用恰當則可以。筆者現分析以上楊公之日課如下：

（一）日課四辛干之祿在酉山，大旺坐山，四辛干之貴人全到午命祭主之地支上，帶祿帶貴。

（二）丙干人命之貴人是亥、酉，正沖巳年及卯時支，沖貴格。

（三）日課年、月地支巳、丑半三合金局，日、時地支未、卯半三合木局，以四柱之地支來說，丑月未日則不為沖也，而巳、丑拱酉，未、卯拱亥，剛好酉、亥是被邀合的地支，是丙干命之貴人，是邀貴格。日課成格成局，互相制合，選取卯時或午時，則不作「破日」看，因時支合日支故，而其他時辰則作破日看。

此日課之缺點是年、月支巳、丑半三合金而剋日、時支未、卯半三合木局，此是格局相剋，但仍可取，因酉山屬金，四辛及年月之巳、丑支同屬金而旺酉山，日時之未、卯支被金所剋制而臨絕地，故此不忌日課時支卯沖酉山。因為此日課配丙午命人，若日課全屬金，則洩丙午命人之火氣，故日時取未、卯半三合木局，而生旺丙午年命人。

這一例子非常經典也，適逢二〇〇一年辛巳年，剛好與此日課同年柱，筆者另擇一日課而配酉山及丙午祭主年命，日課擇於二〇〇二年陽曆二月二日巳時。日課四柱如下：

此日課雖不是天元一氣，但屬天干三朋格局，其好處是：

（一）日課三辛之祿在酉山，癸干之貴人在歲支及時支巳上，可惜辛巳年是在甲戌旬，申、酉山是空亡，略為遜色也。

（二）日課三辛干之貴人到午命，辛與丙命干合水，丙命之祿到歲支及時支巳上。

（三）日課地支巳、丑是雙飛蝴蝶格局，巳、丑拱酉山而成三合金局旺格。

（四）日課兩對巳、丑邀拱酉戌三合金局，酉是丙人命之貴人，是拱貴格。

此日課除本身沒有沖破之外，亦沒有沖山及祭主人命，日課金氣至純而旺山，亦與人命相配，日課四柱八字，每字均能使用，可謂達到「一物盡其用」了。

以上兩組日課配以相同山及人命，兩組均是大吉格局，但從兩組不同日課中，可看出擇日者之手法及個性，這就是個人之風格。但若以技術上來說，如不是具大格局，決不能取用破日、破時、沖山及沖人命。這是繼大師個人愚見，僅供諸君參考。

《本篇完》

（五）十二日神與擇日上之配合

繼大師

在正五行擇日法中，以交節之日作每月之開始，即：

寅月 ── 立春至驚蟄之間
卯月 ── 驚蟄至清明之間
辰月 ── 清明至立夏之間
巳月 ── 立夏至芒種之間
午月 ── 芒種至小暑之間
未月 ── 小暑至立秋之間
申月 ── 立秋至白露之間
酉月 ── 白露至寒露之間
戌月 ── 寒露至立冬之間
亥月 ── 立冬至大雪之間
子月 ── 大雪至小寒之間
丑月 ── 小寒至立春之間

而每月分有十二日神，即：

「建、除、滿、平、定、執、破、危、成、收、開、閉」等十二日。

這十二日神之排列是以上列之編排而循環不息，以日支與月支相同之日作建日，即：

寅月以寅日作建日，卯月以卯日作建日，辰月以辰日作建日……如此類推也。

由於以月支相同之日支作建日，又以上列之編排而順序，所以當每逢交節日及之前或之後的一日，它的十二日神都是相同的，例如：

二〇〇一年辛巳年

陽曆二月四日立春是成日——二月三日亦是成日。

陽曆三月五日驚蟄是除日——三月六日亦是除日。

陽曆四月五日清明是破日——四月四日亦是破日。

陽曆五月五日立夏是建日——五月六日亦是建日。

陽曆六月五日芒種是破日——六月六日亦是破日。

陽曆七月七日小暑是建日——七月六日亦是建日。
陽曆八月七日立秋是危日——八月八日亦是危日。
陽曆九月七日白露是除日——九月八日亦是除日。
陽曆十月八日寒露是危日——十月九日亦是危日。
陽曆十一月七日立冬是建日——十一月八日亦是建日。
陽曆十二月七日大雪是定日——十二月六日亦是定日。
陽曆二〇〇二年一月五日小寒是收日——一月六日亦是收日。
陽曆二〇〇二年二月四日立春交壬午年是除日——二月三日亦是除日。

這十二日神以「建、除、滿、平、定、執、破、危、成、收、開、閉」之次序排列，當排到交節日而轉月令，所以有連續相同之十二日神出現，但為什麼有時出現在前一日，有時又出現在後一日呢？

其原因是關係到交節之時辰，若交節之時辰在早子時至巳時，稱之為「上六時」，則與交節前一日之日神是相同。茲列表如下：

立春	2001年2月4日0229時交立春是成日
	交節前一日2001年2月3日亦是成日
清明	2001年4月5日0124時交清明是破日
	交節前一日2001年4月4日亦是破日
小暑	2001年7月7日0907時交小暑是建日
	交節前一日2001年7月6日亦是建日
大雪	2001年12月7日0929時交大雪是定日
	交節前一日2001年12月6日亦是定日
立春	2002年2月4日0824時交壬午年立春是除日
	交壬午年立春之前一日2002年2月3日亦是除日

若交節之時辰在午時至夜子時之間，稱之為「下六時」，則該日之日神與翌日之日神是相同的。

交節日與交節後一日同日神表

驚蟄	2001年3月5日2033時交驚蟄是除日
	交節後一日2001年3月6日亦是除日
立夏	2001年5月5日1845時交立夏是建日
	交節後一日2001年5月6日亦是建日
芒種	2001年6月5日2245時交芒種是破日
	交節後一日2001年6月6日亦是破日
立秋	2001年8月7日1852時交立秋是危日
	交節後一日2001年8月8日亦是危日
白露	2001年9月7日2146時交白露是除日
	交節後一日2001年9月8日亦是除日
寒露	2001年10月8日1325時交寒露是危日
	交節後一日2001年10月9日亦是危日
立冬	2001年11月7日1637時交立冬是建日
	交節後一日2001年11月8日亦是建日
小寒	2002年1月5日2044時交小寒是收日
	交節後一日2002年1月6日亦是收日

茲列出每月十二日神表如下：

每月十二日神表 —— 繼大師作表

日神／月份	正	二	三	四	五	六	七	八	九	十	十一	十二
建	寅	卯	辰	巳	午	未	申	酉	戌	亥	子	丑
除	卯	辰	巳	午	未	申	酉	戌	亥	子	丑	寅
滿	辰	巳	午	未	申	酉	戌	亥	子	丑	寅	卯
平	巳	午	未	申	酉	戌	亥	子	丑	寅	卯	辰
定	午	未	申	酉	戌	亥	子	丑	寅	卯	辰	巳
執	未	申	酉	戌	亥	子	丑	寅	卯	辰	巳	午
破	申	酉	戌	亥	子	丑	寅	卯	辰	巳	午	未
危	酉	戌	亥	子	丑	寅	卯	辰	巳	午	未	申
成	戌	亥	子	丑	寅	卯	辰	巳	午	未	申	酉
收	亥	子	丑	寅	卯	辰	巳	午	未	申	酉	戌
開	子	丑	寅	卯	辰	巳	午	未	申	酉	戌	亥
閉	丑	寅	卯	辰	巳	午	未	申	酉	戌	亥	子

在正五行擇日法中，是以正五行、格局、祿馬貴人為主，至於十二日神，是輔助，但如能配合使用則更好。由於十二日神是月支與日支之關係，所以有一定之邏輯性。例如：

建日——日支必須與月支相同

定日及成日——日支與月支成三合局

破日——日支必與月支相沖

若求用事吉祥圓滿，可取滿日配合之。

若求除去不好的東西，可取除日配合之。

若放棺安碑，可取定日及成日配合之。

若開張、開市，可取開日配合之。

若在古時農村秋收或收割，可取收日配合之。

其餘各日課除「破日」之外，餘皆不忌，以正五行擇日為主，十二日神是兼，能配合則上吉，不能配合亦無忌。因為，破日是相沖日，除日課為上一章的格局外（屬很少數），則不取為妙，因「破日」有一種破壞之意，不論好與壞皆破散。這些用法，是繼大師個人經驗之見解，謹供各讀者參考。

《本篇完》

（六）正四廢日之禁忌

繼大師

正四廢日並不是每年八節的交接點，不同於四絕及四離日，它只是日柱干支五行，與季節月令之五行，兩者所產生的關係而矣。

正四廢日茲列如下：

春——寅、卯、辰月——庚申、辛酉日
夏——巳、午、未月——壬子、癸亥日
秋——申、酉、戌月——甲寅、乙卯日
冬——亥、子、丑月——丙午、丁巳日

正四廢日之原理是因為：

（一）春天木旺於正、二、三月，其間之庚申日及辛酉日，其干支均屬金而俱囚於春天木旺之地。

（二）夏天火旺於四、五、六月，其間之壬子日及癸亥日，其干支均屬水而俱囚於夏天火旺之地。

（三）秋天金旺於七、八、九月，其間之甲寅日及乙卯日，其干支均屬木而俱死於秋天金旺之地。

（四）冬天水旺於十、十一、十二月，其間之丙午日及丁巳日，其干支均屬火而俱死於冬天水旺之地。

這四廢日可查見於通勝內，但四廢日之理是「定說」，不可執一而論，選取日課要以四柱同看，但是，若逢四廢日，必定以孟、仲兩月中之四廢日而出現破、尅之日，辰、戌、丑、未四季月不忌，即是：

破日——寅月申日、卯月酉日、巳月亥日、午月子日、申月寅日、酉月卯日、亥月巳日、子月午日。

四廢日之五行相尅如下：

寅、卯月被庚申、辛酉日所沖尅

巳、午月被壬子、癸亥日所沖尅

申、酉月沖尅甲寅、乙卯日

亥、子月沖尅丙午、乙巳日

其實四廢日只是日與月令相沖或相尅之關係，故多不取，而日課之好壞，首重沖尅，多以格局取用，但若是在四季月之四廢日，則多不忌也。例如：

辰月——庚申日地支與辰半三合水局，辛酉日地支與辰戌六合金。

未月——癸亥日地支與未半三合木局。（壬子日地支則絕於未，而子未是相穿。）

戌月——甲寅日支與戌半三合火局，乙卯日支與戌戌六合火。

丑月——丁巳日支與丑半三合金局。（丙午日地支與丑相穿。）

由於四廢日與四季月令，其地支多成半三合及六合關係，故亦不忌取用。若於日課中取四廢日，在有些情形下是可以的。

例如有癸巳人命之祭主，配以巳山亥向，擇吉於二〇三七年丁巳年陽曆二月十八日巳時，日課四柱是：

丁巳　年
壬寅　月
辛酉　日
癸巳　時

日課於寅月之辛酉日，正是四廢日，但其好處盡有，配山及人命均大吉，茲列其日課之好處如下：

（一）日課天干壬、癸、辛是人中三奇貴格，雖不是順序排列，但仍屬貴，壬、癸天干之貴人到巳山，又到本身日課巳年支、巳時支，更到巳年命祭主，癸年命祭主之貴人亦到日課之巳年、時支上，是互為貴人。

（二）日課日、時地支酉、巳是半三合金局，與坐山巳亦同是半三合金局，日課丁年干之貴人到日支酉，是歲貴之日，辛日干之貴人到寅月支上，本身日課之干支

互為貴人，天干丁壬又合木而坐旺巳山，年、時之巳支與巳山是同旺格局，大旺坐山。

綜合以上所論，繼大師認為在此情況下，這正四廢日是不忌的。

此日課亦可配壬寅年命之祭主，其好處是：

（一）壬年命干之貴人到日課年、時巳支上。

（二）壬寅命與日課壬寅月是同旺比助，添一點助力，日課辛酉干之貴人到寅命，是互為貴人，壬命之祿在亥而沖日課年、時巳支，是沖祿格。

所以，擇日只在精巧，與坐山及人命互配，無不大吉。

《本篇完》

（七）貴人登天門時之原理及尋法《神藏殺沒四大吉時》

繼大師

在擇日用時法之中，有取「四殺沒時」之法，所謂四殺者是：

寅、午、戌——火殺在丑

亥、卯、未——木殺在戌

申、子、辰——水殺在未

巳、酉、丑——金殺在辰

「四殺沒時」為神藏殺沒之義，即貴人登天門時，原來貴人登天門時是以每月之中氣計算，以十二地支作統領之將，每個支辰配以一個月，例如由雨水至春分，是屬亥將所管，在此段日期內，其天干之日辰，取其貴人之地支，如甲日，其貴人在丑、未，即以丑支作亥將而順行十二地支，至亥位（即該月之中氣亥將之位），推算至何支，該地支就是該月份中甲干之貴人登天門時，即是酉時，每日有兩個時辰是貴人登天門時。

原來當正月中氣雨水至春分前之亥將，在該日（上例是甲日）之貴人得位的時候（貴人推出之亥宮），所有凶神是受制的，即如《元經》所云：

「善用時者。常令朱雀鍛羽。勾陳隘陛。白虎焚身。玄武折足。騰蛇落水。天空投匭。所謂六神悉伏也。」

凶神受制而吉神得位，是六神悉伏，即神藏殺沒之意思也。

每年每月（以中氣計算）所屬月將名稱如下：

正月——登明亥將
二月——河魁戌將
三月——從魁酉將
四月——傳送申將
五月——小吉未將
六月——勝光午將
七月——太乙巳將
八月——天罡辰將
九月——太衝卯將
十月——功曹寅將
十一月——大吉丑將
十二月——神后子將

經云：**「年之善。不如月之善。月之善不如日之善。日之善不如時之善。貴人登天門。乃時之最善者也。」**

在《選擇求真》卷二陰陽貴例中（玄學出版社印行，第七十一頁）有云：

「貴人登天門。乃時之最善者也。其法以月將如用時。晝用陽貴。夜用陰貴。以天乙貴人為主。而騰蛇、朱雀、六合、勾陳、青龍、天空、白虎、太常、玄武、太陰、天后隨之。故貴人臨乾亥登天門。則騰蛇臨壬子而落水。朱雀臨癸丑而鎩羽。六合臨艮寅而乘軒。勾陳臨甲卯而登陛。青龍臨乙辰而遊海。天空臨巽巳而投匭。白虎臨丙午而燒身。太常臨丁未而登筵。玄武臨坤申而折足。太陰臨庚酉而回宮。天后臨辛戌而入帷。六吉將得地。而六凶將斂威。故曰神藏殺沒。又為六神悉伏。此擇時之妙用也。」

貴人登天門時總圖——繼大師作表

亥將	正月	乾亥	登天門	**貴人**
戌將	二月	辛戌	入帷	**天后**
酉將	三月	庚酉	回宮	**太陰**
申將	四月	坤申	折足	**玄武**
未將	五月	丁未	登筵	**太常**
午將	六月	丙午	燒身	**白虎**
巳將	七月	巽巳	投匭	**天空**
辰將	八月	乙辰	游海	**青龍**
卯將	九月	甲卯	列陛	**勾陳**
寅將	十月	艮寅	乘軒	**六合**
丑將	十一月	癸丑	鍛羽	**朱雀**
子將	十二月	壬子	落水	**騰蛇**

曾經有一港人在深圳發生事故，被人勒索金錢，發生事故之日是二〇〇一年辛巳年陽曆五月六日巳時，日課四柱是：

辛巳　年
癸巳　月
己巳　日
己巳　時

地支四巳火正沖被勒索的人之己亥命也，事後在同日未時致電回港求救，其哥哥忽想起在深圳有一位朋友與公安局熟落，立刻求救，輾轉尋求救兵，終於很快在申時解決此問題，其日課四柱是：

辛巳　年
癸巳　月
己巳　日
壬申　時

天干隔干人中三奇壬、癸、辛，申時與巳支合水使巳不沖亥，可以說申時是解神，但原來癸巳月是谷雨酉將當令，己日之貴人登天門時，正是申時，剛好在申時把被勒索的事

主救出。

這貴人登天門時（神藏殺沒時，或四殺沒時）之求法，繼大師現公開解說如下：

（一）二〇〇一年辛巳年陽曆五月六日是谷雨酉將當令，該日是己日，其天干之貴人在子、申支上。

（二）以子支作酉（酉將）順推十二支辰，至亥支宮位上，剛好是申，即貴人登天門時「申時」。首先，將十二地支放在手掌上，用掌訣推尋，把「酉將」放在子位，戌放在丑位，亥放在寅位，子放在卯位，丑放在辰位，寅放在巳位，卯放在午位，辰放在未位，巳放在申位，午放在酉位，未放在戌位，申放在亥位，亥位為貴人登天門，故此，陽曆五月六日「己巳」日，申時為「貴人登天門時」。

（三）又以申支作酉（酉將）順推十二支辰，至亥宮位上，是子時，即另一貴人登天門時。將十二地支放在手掌上，用掌訣推尋，把「酉將」放在申位，戌放在酉位，亥放在戌位，子放在亥位，亥位為貴人登天門，故此，陽曆五月六日「己巳」日，子時為另一個「貴人登天門時」。餘日之「神藏殺沒四大吉時」，如此類推。

原來這十二支辰在道家中是十二日神，是十二功曹神，每日輪流當值守護眾生。在佛家方面，十二支神即是藥師琉璃光王如來的十二大藥叉神將，每位神將各個統領七千藥叉為眷屬，與日光菩薩、月光菩薩、藥王菩薩、藥上菩薩一同守護藥師琉璃光王如來，是佛門之大護法，其名稱是：

宮毘羅大將　伐折羅大將　迷企羅大將　安底羅大將　頞你羅大將
珊底羅大將　因達羅大將　波夷羅大將　摩虎羅大將　真達羅大將
招杜羅大將　毗羯羅大將

佛道兩者相通？信與否，隨緣信受吧！

茲列出貴人登天門時表如下：

貴人登天門時表——繼大師作表

丁	丙	乙	甲	日干	陽曆
亥/丑	丑/亥	寅/戌	卯/酉	雨水亥將	**二月**十九至廿十
戌/子	子/戌	丑/酉	寅/申	春分戌將	**三月**廿一至廿二
酉/亥	亥/酉	子/申	丑/未	谷雨酉將	**四月**廿至廿一
申/戌	戌/申	亥/未	子/午	小滿申將	**五月**廿一至廿二
未/酉	酉/未	戌/午	亥/巳	夏至未將	**六月**廿一至廿二
午/申	申/午	酉/巳	戌/辰	大暑午將	**七月**廿三至廿四
巳/未	未/巳	申/辰	酉/卯	處暑巳將	**八月**廿三至廿四
辰/午	午/辰	未/卯	申/寅	秋分辰將	**九月**廿三至廿四
卯/巳	巳/卯	午/寅	未/丑	霜降卯將	**十月**廿三至廿四
寅/辰	辰/寅	巳/丑	午/子	小雪寅將	**十一月**廿二至廿三
丑/卯	卯/丑	辰/子	巳/亥	冬至丑將	**十二月**廿二至廿三
子/寅	寅/子	卯/亥	辰/戌	大寒子將	**一月**廿至廿一

癸	壬	辛	庚	己	戊
巳/未	未/巳	申/辰	酉/卯	戌/寅	酉/卯
辰/午	午/辰	未/卯	申/寅	酉/丑	申/寅
卯/巳	巳/卯	午/寅	未/丑	申/子	未/丑
寅/辰	辰/寅	巳/丑	午/子	未/亥	午/子
丑/卯	卯/丑	辰/子	巳/亥	午/戌	巳/亥
子/寅	寅/子	卯/亥	辰/戌	巳/酉	辰/戌
亥/丑	丑/亥	寅/戌	卯/酉	辰/申	卯/酉
戌/子	子/戌	丑/酉	寅/申	卯/未	寅/申
酉/亥	亥/酉	子/申	丑/未	寅/午	丑/未
申/戌	戌/申	亥/未	子/午	丑/巳	子/午
未/酉	酉/未	戌/午	亥/巳	子/辰	亥/巳
午/申	申/午	酉/巳	戌/辰	亥/卯	戌/辰

以上之中氣日期是約數，當以萬年曆為準。

《本篇完》

（八）日課中之「五不遇」用時法

繼大師

在正五行擇日法之用時法中，有「五不遇」凶時之說，究竟什麼叫「五不遇」呢？原來「五不遇」之意思，即是時天干尅日天干，例如：

甲子　日
庚午　時

這日課之「庚」時干尅「甲」日干，時干為日干之七煞，地支是子午相沖，是天尅地沖之格局，故此大凶。若擇日取時干尅日干，只有五組之五行相尅是天尅地沖，五組各有陰陽，即有十干支之組合始產生天尅地沖。列表如下：

時干尅日干而地支相沖表 ── 繼大師作表

	日柱	時柱
天干金剋木	甲子	庚午
	乙亥	辛巳
天干水剋火	丙戌	壬辰
	丁酉	癸卯
天干木剋土	戊申	甲寅
	己未	乙丑
天干火剋金	庚午	丙子
	辛卯	丁酉
天干土剋水	壬寅	戊申
	癸丑	己未

十天干配十二地支成六十甲子，每組天干有六個地支，例如乙干配地支如下：

「乙丑、乙酉、乙未、乙巳、乙卯、乙亥。」

「五不遇」之名稱，可解釋如下：

除「乙亥」日配上「辛巳」時為天剋地沖外，其餘五干支只是時干剋日干，而地支亦不相沖，所以在乙丑日、乙酉日、乙未日、乙巳日及乙卯日，這五日之巳時，都是「辛巳」時干支，天干相剋而五個地支不遇上相沖，故此名：「五不遇」。

「五不遇」表（時干尅日干而地支不正沖）——繼大師作表

日柱					時柱
甲戌	甲申	甲午	甲辰	甲寅	庚午
乙丑	乙酉	乙未	乙巳	乙卯	辛巳
丙寅	丙子	丙申	丙午	丙辰	壬辰
丁卯	丁丑	丁亥	丁未	丁巳	癸卯
戊辰	戊寅	戊戌	戊子	戊午	甲寅
己巳	己卯	己丑	己亥	己酉	乙丑
庚辰	庚寅	庚子	庚戌	庚申	丙子
辛未	辛巳	辛丑	辛亥	辛酉	丁酉
壬申	壬午	壬辰	壬子	壬戌	戊申
癸酉	癸未	癸巳	癸卯	癸亥	己未

「五不遇」這名稱由於特別，故容易記憶，其用意是擇日取時切忌在「破時」用事而矣，至於天干之尅或合，要視乎成格成局否，又要配山及人命，三者相宜始可以用。例如擇：

二〇〇〇年庚辰年陽曆二月六日午時，配以未山及辛未年命祭主。

四柱日課為：

庚辰　年
戊寅　月
甲午　日
庚午　時

時干庚是日干甲之七煞，是「五不遇」時，雖時干尅日干，但日課格局與祭主山命甚相配，其好處如下：

（一）日課四干是天上三奇甲、戊、庚，其貴人全到未山及未年人命，是得貴也。

（二）辛未祭主年命之辛干貴人，到日課月、日、時之寅及兩午地支上。

（三）日課甲日干之祿在寅月支上，地支午、寅半合火局而生旺未山及未年人命。

（四）日課兩午支與未山及未年人命成六合。

以上日課與祭主及山命之配合，均是非常完美，至於日課午、寅支三合邀「戌」而沖歲支「辰」是不為忌也，所有好處盡有，那怕「五不遇」時呢！

若日課不是成格成局，如取「五不遇」時，最好是貴、祿互到山及人命，這樣的選取，亦不忌時尅日干。例如擇：

二〇〇九年己丑年陽曆五月廿日巳時，配以酉山及丙申祭主人命。

日課四柱是：

己丑　年
　　酉
己巳　月

乙丑　日
　　　酉
辛巳　時

日課之「辛」時干尅「乙」日干，正是「五不遇」時，但配以丙申人命及酉山，其好處盡有，繼大師之個人見解如下：

（一）日課兩丑、巳支是半三合邀拱酉，而辛時干之祿是酉，配以酉山是邀酉而拱旺酉山。

（二）日課兩己干之貴人到「申」命祭主。丙命天干之貴人到酉而被丑、巳邀拱，是遙格並拱貴。

（三）「丙」人命之祿在日課之月、時「巳」支上，「丙申」命與「辛巳」時干支成六合。

以上日課之配合，是綜合多格而成局。

其格局是：

（一）遙格 —— 地支半三合金局邀酉山

（二）羅紋交貴 —— 日課與山及人命互為貴祿

（三）雙飛蝴蝶 —— 地支丑、巳年月與日時一樣

以上之配搭是上上大吉。

《本篇完》

（九）雙山五行配日課之用法

繼大師

陰陽二宅的坐山配合日課用事，在選取羅經內廿四山方位的相配上，古法有廿四山雙山五行之說法。雙山五行有兩種：

（一）廿四山雙山五行 ── 壬子、癸丑、艮寅、甲卯、乙辰、巽巳、丙午、丁未、坤申、庚酉、辛戌、乾亥等十二組，每組可在配山擇日上同用（但並不是每組均能同用）。

（二）元空六十四卦之雙山五行 ── 其口訣是：**「一六四九雙雙起。夬姤剝復顛顛倒。往來闔闢團團轉。卦象順逆爻爻到。」**

《青囊奧語》云：**「二十四山分五行。知得榮枯死與生。翻天倒地對不同。其中秘密在元空。」**

這是指元空六十四卦之雙山五行而言。

在擇日配山而使用羅盤廿四山的坐向上，其原理是：

（一）取其五行氣而相配日課

水——壬、子、癸、亥

木——甲、乙、寅、卯、巽

火——丙、丁、巳、午

土——辰、戌、丑、未、坤、艮

金——庚、辛、申、酉、乾

若以坐山之五行相配日課，日課多以三合五行之金、木、水、火而旺之，若是屬土坐山，可取三合火局生旺之。此法適合用三合局日課相配之。

（二）取天干同氣日課相配天干之坐山

天干在羅盤廿四山只有八個，即是：

「甲、乙、丙、丁、庚、辛、壬、癸。」

日課除以五行生旺其坐山天干之五行外，日課格局多取天元一氣格局，或坐山天干之祿到日課地支上，即地元一氣格局，或取日課之貴祿到坐山天干上，再配合祭主人命，甚大吉也。

（三） 取地支同氣日課相配地支之坐山

地支在羅盤廿四山有十二個，即是：

「子、丑、寅、卯、辰、巳、午、未、申、酉、戌、亥。」

日課除以五行之氣生旺坐山地支五行之氣外（即日課取三合地支局），日課格局多取地支一氣而同旺坐山地支，或取日課天元一氣而祿貴全聚於坐山地支上，即是聚祿格、聚貴格，聚祿格為上吉，聚貴格又次之。

坐山地支若是辰、戌，則日課天干之貴祿不能聚，因辰、戌是天羅地網位，貴人不臨，則日課多取三合火局而生旺土支，或取日課四辰、三辰、四戌、三戌不等，即地元一氣，或地支三朋，或日課取三會局同旺亦可。

（四） 取貴人日課相配四隅卦之坐山

四隅卦在羅盤廿四山方位上有四個，即是：

「乾、巽、坤、艮。」

四隅卦中，各具其五行，即：

金——乾

木——巽

土——坤、艮

當取日課配上四隅卦坐山，除以地支三合局之五行而生旺四隅卦之坐山外，日課可取天元一氣、地元一氣、天干三朋、地支三朋、隔干三朋或隔支三朋等，取其五行而生旺之。除以五行氣生旺外，日課亦可取天干之貴人到四隅卦，這就是：

丙、丁天干——貴人到亥，因乾與亥以廿四山之雙山五行計算是同宮，所以丙、丁之

貴人亦同到廿四山之乾山，日課可取丙丁配乾山，但不可多取，因五行丙、丁剋乾金山。

辛天干——貴人到寅，因艮與寅以廿四山之雙山五行計算是同宮，所以辛干之貴人亦同到廿四山之艮山，日課可取辛干配艮山，但不可多取，多則辛金會洩艮土坐山，所以要取多土之日課而配合。

壬、癸天干——貴人到巳，因巽與巳以廿四山之雙山五行計算是同宮，所以壬、癸之貴人亦同到廿四山之巽山，日課可取壬、癸配巽山，因壬、癸屬水，可生旺巽木，故日課可取天元一氣或天干三朋之格局，取四壬、癸相配巽山則大吉。

乙、己天干——貴人到申，因坤與申以廿四山之雙山五行計算是同宮，所以乙、己之貴人亦同到廿四山之坤山，日課可取乙、己配坤山，日課取四己、三己配坤山是大吉，因己與坤同屬土，是同旺之貴人，繼大師認為若日課取四乙或三乙配坤山，雖然乙干之貴人到坤山，但乙木剋坤土，亦帶有剋坤山之力，故日課除取乙干外，地支可取「未」而相配，這些用法，實是繼大師個人之心得口訣，宜熟玩之。

《本篇完》

（十）論廿四山之「乾坤艮巽山無祿」之說

繼大師

在正五行擇日法中，是以日課干支之「金、木、水、火、土」五行之氣而生旺坐山、龍及祭主人命為主，祿之產生，是天干之五行與地支之五行所產生同氣之關係，故可取用，即是：

「甲－寅、乙－卯、丙戊－巳、丁己－午、庚－申、辛－酉、壬－亥、癸－子。」

除丙丁、戊己之祿在巳、午支位上外，其餘皆是一天干配一地支，而在陰陽之分別上，正五行擇日之方法是取：

丙、戊陽干在巳支

丁、己陰干在午支

壬陽干在亥支

癸陰干在子支

故此在正五行擇日所用之干支，其陰陽之編排是：

巳、亥——屬陽

子、午——屬陰

這種說法，與子平八字命理其中一派有別，所以，在使用時，宜小心處理。在選擇日課上，當配在羅盤之廿四山方位時，其四隅方位（即東南、西南、西北、東北）分別是：

「乾、坤、艮、巽四山方位」

在廿四山中以「雙山五行法」計算，其雙山只可適用於「貴人」之法，即是：

乾、亥山——丙、丁天干之貴人到山

坤、申山——乙、己天干之貴人到山

巽、巳山——壬、癸天干之貴人到山

艮、寅山 —— 辛天干之貴人到山上。

故此我們，可使用這廿四山雙山五行之關係作組合，使貴人可發揮在四隅卦之山方上。

至於祿之使用法又可否以廿四山之雙山五行作理據而使用呢？在《選擇求真》卷六總論裡之「從太歲天干起例」（玄學出版社第一八六頁）一文中有一例子如下：

楊公葬乾山，用日課二個如下：

（一）壬申　年
　　　壬子　月
　　　壬辰　日
　　　壬寅　時

（二）壬子 年
壬子 月
壬子 日
庚子 時

在《選擇求真》之說法（玄學出版社第一八六頁），其日課是：

「合天地一氣格。又取壬祿到乾亥為吉也。如祔葬及修造。正旁俱不忌。」

筆者繼大師認為，例一之日課，本身是取破時，是寅沖太歲申年，是沖驛馬之時辰，其目的是取天干「壬」水一氣，但若取甲辰時，或戊申時，這樣亦甚吉，例子如下：

（一）壬申 年
壬子 月
壬辰 日
甲辰 時

（二）壬申　年
壬子　月
壬辰　日
戊申　時

筆者認為不取破時，只是少取一個「壬」時天干而矣，但地支是「申、子、辰」三合水局，在配取廿四山方位中，以壬山、子山、亥山、癸山，再配乙、己天干人命，取乙、己命之貴人臨日課之「申、子」地支上，這樣之配搭更為大吉。

若配以「乾山」，是金生水，大大洩了「乾」金之氣，焉可作福呢？或此日課之例，是托楊公之名吧！

又以下例子是說明「壬祿」到乾亥，其說法是：

「乾、坤、艮、巽四隅卦山向有祿之說法。」

但是，《選擇求真》卷六之「從羊刃起例」（玄學出版社第一八八頁）中有云：

「乾坤艮巽山無祿。亦無刃。」

這說法是說明壬祿到亥，不能到乾也。

以上在《選擇求真》之兩種說法，互有矛盾，筆者在此認為，既然是以正五行為本，而祿之說法亦是以五行為理據，所以應該以：

廿四山之四隅卦以雙山五行作貴人是合理。

廿四山之四隅卦以雙山五行作祿、陽刃是不合理。

即是以日課之正五行作扶山補龍、相主而增加福份，以正五行為主也。

《本篇完》

（十一）廿四山雙山五行之「天干無貴」論

繼大師

由於羅盤中之廿四山有雙山五行之說，所以在使用日課配坐山的時候，日課天干之貴人到坐山四隅卦，即是：

日課乙、己天干 ——— 貴人到申、坤山方。

日課丙、丁天干 ——— 貴人到亥、乾山方。

日課壬、癸天干 ——— 貴人到巳、巽山方。

日課辛天干 ——— 貴人到寅、艮山方。

此說法是四隅卦兼用雙山五行之貴人，繼大師認為合理，可用之。

但若用此原理，套用於廿四山之天干位，這是古法所沒有的，即是：

日課甲、戊、庚 ——— 貴人除到丑、未外，以雙山五行計算下，貴人亦到丁、癸山方。

日課乙、己 ——— 貴人除到申、子外，以雙山五行計算下，貴人亦到壬山方（除四隅卦坤方）。

日課丙、丁——貴人除到酉、亥外，以雙山五行計算下，貴人亦到庚山方（除四隅卦乾方）。

日課壬、癸——貴人除到巳、卯外，以雙山五行計算下，貴人亦到甲山（除四隅卦巽方）。

日課辛干——貴人除到寅、午外，以雙山五行計算下，貴人亦到丙山（除四隅卦艮方）。

若廿四山之雙山五行法適用於所有廿四山的話，則是：

（一）日課甲、戊、庚之貴人到丁、癸山。
（二）日課乙、己之貴人到壬山。
（三）日課丙、丁之貴人到庚山。
（四）日課壬、癸之貴人到甲山。
（五）日課辛干之貴人到丙山。

這用法有矛盾的地方，因干支日課是以正五行為主，有些日課天干到廿四山干之方位是相剋或洩山的，如有剋洩則不能用。相反，若相生廿四山天干之山，則大吉。以上之日課貴人到天干之坐山分析如下：

（一）吉——日課甲木生丁山。日課戊土剋合癸山成天干火局，這亦要看地支之五行而定。日課庚金被丁火之坐山剋，是丁山之正財也。

凶——日課甲干洩癸水之坐山。日課戊干洩丁火之坐山。

（二）凶——日課乙干洩壬水之坐山。日課己土剋壬坐山，為壬山之正官（這要視乎日課四柱如何，始能定吉凶）。

（三）凶——日課丙陽火剋庚金坐山。日課丁火剋庚金坐山，為庚山之正官（這要視乎日課四柱如何，始可定吉凶）。

（四）吉——日課壬、癸水生助甲木坐山。

（五）吉——日課辛干被丙坐山剋合而成水，以坐山為主是合正財也。

由於有這「剋洩合生」之原因，繼大師個人認為：

日課天干貴人到廿四山之天干山位，其用法是不合理。

原因是：

（一）不見用於古法。

（二）有五行生剋矛盾之地方。

在《選擇求真》（玄學出版社印行第四十一頁）論扶山有引述「闢謬」之論如下：

「然總不如雙山而會三合。如亥卯未山宜用木局。則乾甲丁亦用木局也。寅午戌山用火局。則艮丙辛山。亦宜用火局也。巳酉丑山宜用金局。則巽庚癸山亦宜用金局也。申子辰山宜用水局。則坤壬乙山。亦宜用水局也。蓋壬子同宮。癸丑同宮。乾亥同宮。艮寅同宮。一干一支。各相配合。」

而作者胡暉先生在此段之註解中有如下之見：

「按楊公此旨乃為消砂納水而言。非為選擇云然也。乃牽扯作証。又何怪諸家斗首之泛濫支離耶。」

作者胡暉又曰：

「按廿四山從雙山三合者理亦頗合。但巽辛二山雙山三合局則是鬼殺局。大凶。至于艮丙庚癸乾甲丁坤壬乙十山。用雙山三合局。非印比向即財局均吉。於理亦自無碍。然究非楊公造命之旨也。」

而楊公之日課，是以正五行為主，故此使用雙山五行，只能用在日課天干到廿四山四隅卦之雙山五行上。

故此，綜合以上所論，仍然要以「正五行擇日」之方法為主。

《本篇完》

（十二）日課尅、洩命山論

繼大師

在擇日古課中，有范公與周元與下祖墳，墳坐艮向坤，其日課四柱如下：

辛 丑 年
癸 巳 月
辛 酉 日
癸 巳 時

假設此日課配丁丑命，其好處如下：

（一） 日課兩辛干之貴人到艮山（艮與寅同屬雙山五行）。

（二） 日課兩癸干之貴人到巳月及巳時支，一貴到卯而沖酉日支，日課本身沖貴及進貴。

（三） 日課天干辛、癸是雙飛蝴蝶格，地支是巳、酉、丑三合金局。

若配丁丑年人命，丁命之貴人到日課酉日支上，丁貴到亥而沖日課兩巳支，是沖貴。丑命與日課成三合金局，亦與太歲同丑而旺。

以上日課之配搭，表面上是大吉之象，其實並不符合正五行擇日之法，其缺點是：

（一）日課兩癸干尅丁命，是七煞，一個尚可，兩個則不妙。丁命尅日課兩辛，辛為偏財，日課四天干均尅洩丁人命。

（二）日課兩辛之貴人到寅、艮二山，但兩辛洩艮土之氣，艮山尅日課兩癸，癸為艮之財，但亦洩艮山。

（三）日課地支丑、酉、巳三合金局，大大洩艮土山之氣，若日課擇在巳日則可，因巳火生艮土，而現在之日課成三合金，焉有不洩艮山之理呢！

以上日課是上吉格局，但筆者繼大師認為在於配人命及坐山上不適合，但若此日課配以辛山乙向及丙寅年命，則甚吉。

茲列其好處如下：

（一）日課兩辛干同辛山同旺氣，地支巳、酉、丑三合金局大旺辛山。

（二）日課兩辛之貴人到寅命，丙年命之祿到日課兩巳支上。

（三）丙人命之貴人到日課酉日支上，另一貴人是亥而沖日課兩巳，是沖貴格。丙命合日課兩辛而化水，與整個日課成金水一片。

以上之配搭，好處盡有，壞處不見，此乃上上日課之配合。

綜合以上所論，日課配山及人命，均以正五行之理為主，即：

吉 ——— 日課五行生、同旺坐山及人命。

凶 ——— 日課五行尅、洩坐山及人命。

半吉凶 ——— 坐山及人命尅日課，為財局，只適用於來龍帶煞之地，宜少不宜多，日課必須帶祿帶貴始可以。

總之，造命日課，以正五行、祿貴、三奇八節諸吉神為主。

《本篇完》

（十三）動土忌犯土符、土府、土王用事、五黃諸地煞論

繼大師

用正五行擇日法，一般可用於嫁娶、修造開張、入伙、喜慶宴會、出行、上任……不等，至於用在陰宅山墳之修造上，除擇日日課要選取外，更要注意動土及下葬之事宜，破土及動土均要注意土煞，即是：

「土王用事之日、土符、土府、五黃到宮方、三煞方、歲破方、戊己都天、夾煞都天方等。」

有一些人擇日破土，專取破日用於動土，以為用破日破土是應數，殊不知使用不得法，必應凶事。

舉一例子，如擇辛巳年陽曆十月廿日酉時破土動工，日課四柱如下：

辛巳　年
戊戌　月
丙辰　日
丁酉　時

是日為月破之日，辰戌相沖，取酉時以合辰支，丙、丁干之貴人又在酉，是日合及天乙吉星，但此日課以繼大師之愚見，是不能用事的，若用於破土動工，則是凶象，原因是：

查通勝，則丙辰日是「土王用事」，動土則土煞必見，有傷人之弊，嚴重者，會有人命之虞，切忌用也。

另舉一例子，茲擇日動土於辛巳年（因未到立春日所以作辛巳年計）陽曆二〇〇二年二月一日申時，其日課四柱如下：

辛巳　年
辛丑　月
庚子　日
甲申　時

此日課之好處如下：

（一）日課兩辛干之貴在午而沖日課庚子日，本身沖貴，庚、甲二干之貴人在丑月支上。

（二）日課巳、丑年、月支半三合金局，生旺日課子、申日、時支半三合水局，故丑月支不作子日支合土論。

以正五行之理而用於丑山未向（亥子丑北方），理應大吉，但此日課剛逢「土符」值日，所以不利動土、破土，至於入伙、祈福、嫁娶、開張等則不忌，原因是：

「土符屬土煞，不可動土、破土，否則犯土煞而招凶矣。」

至於年、月紫白五黃飛臨之方，亦忌動土。所以，用正五行擇日法擇吉用事，亦要兼顧用事之所屬神煞，若有沖犯則要迴避，若不能避則要化解，宜用太陽或太陰，或擇吉以制三煞，若不能制化，則最好另擇吉時。

另外，用事若逢日蝕、月蝕，七日之內不可用事，此乃天象之影響，宜避之。

《本篇完》

（十四）六合五行擇日秘法之（一）——六合木局

繼大師

在正五行擇日法中，以三合局之五行作扶山相主為主，而六合之五行為次，三合局以地支為重，六合則以天干及地支相合為重，若天干或地支有六合，則餘干支不要尅六合，否則會破而合不成。六合之五行，茲列如下：

天干六合五行

甲己合化土
乙庚合化金
丙辛合化水
丁壬合化木
戊癸合化火

地支六合五行

子丑合化土
寅亥合化木
卯戌合化火
辰酉合化金

巳申合化水

午未合化日月（火土）

已知道天干地支六合五行後，以筆者繼大師之愚見，可將干支五行分組配合，以待使用。茲列如下：

土——甲子、己丑

木——丁亥、壬寅

火——戊戌、癸卯

金——乙酉、庚辰

水——丙申、辛巳

將干支分了五行組合後，便研究它可組成六合之可能性。現分析如下：

木局——由於天干丁壬及地支寅亥合化木，所以取丁亥及壬寅干支作日課，若要取得此種日課，必須以丁亥年而取壬寅月始可以，它受「配月」及「配時」之干支規則限制，在壬寅年只可配辛亥月，日課不能全合木局。繼大師現取日課二〇〇七年陽曆二月廿二日寅時。

日課四柱如下：

丁　亥　年
壬　寅　月
丁　亥　日
壬　寅　時

此日課是雙飛蝴蝶格，其好處是：

兩組天干分別同是丁、壬合木。
兩組地支分別同是寅、亥合木。

這樣之組合是「日課純屬木局」，木木一氣，非常專而重。加上日課兩丁干之貴人在

亥支，是進貴，日課兩壬干之貴人在巳而沖亥，是沖貴。

此日課若配寅山、甲山是最佳配搭，配乙山、卯山亦可，是同旺局。

日課配丁山、午山最好，丁山則同日課兩丁干同氣，丁山貴人到日課亥支，丁山又與日課兩壬合木，這是一等一之配搭，上上大吉。若配午山，則日課兩丁之祿到午山，日課純木生旺午火之山，是為印局。午山又與日課兩寅戌半三合火局，亦是木火相生格。

若日課配丙山則遜色一些，但亦可取。若單以五行而言，壬是丙之七煞，但是，日課既以丁壬合木，則壬貪合丁而不沖剋丙山，而是丁壬合木而生旺丙山，加上日課寅亥地支亦合木，所以配以丙山，則不為忌。

在正五行日課中，以地支五行之力對陰陽宅之坐山及來龍尤重，若此日課配以巳山，繼大師個人認為是沒有問題的。以個別五行干支而論，日課兩亥是沖巳山，加上日課兩丁之陽刃又在巳山，只得日課兩壬之貴人到巳山，又如何能用得巳山呢？

各位讀者請留意，日課丁壬、寅亥兩組干支是全化合木氣，所以不作個別干支而論沖剋巳山，應作六合純木氣生旺巳山，所不同者，是日課六合木氣有陰陽在內，不同於單一純陽木氣，若日課是四甲寅，則純陽木氣生純陽巳火，則不能取用。此點就是最重要及最大分別之處。不過在此日課之配合坐山方面，應是：

（一）丁山最好

（二）午山亦可

（三）丙山可取

（四）巳山還可

此即是以陰陽五行之氣用於日課配選坐山之秘法也。

《本篇完》

（十五）六合五行擇日秘法之（二）——六合土局

繼大師

土局——天干甲己合土，地支子丑亦化合土，若取甲子、己丑干支配合是最好，但由於年、月及日、時在相配之規則上，這樣之干支配合是沒有可能的，因為在年上起月法中是：

甲年配——己巳月、丁丑月
己年配——甲戌月、丙子月

若在日上起時法中，只有己丑日是起甲子時，所以，若取干支六合是欠一個天干的，例如擇吉於二〇七〇年（己丑年）陽曆一月廿四日子時，因未到立春，所以仍是己丑年，不屬於庚寅年也。

日課四柱如下：

己丑　年
丙子　月
己丑　日
甲子　時

日課日、時天干甲己合化土，唯丙月干不與己年干合，但仍是火土生旺之氣。

日課兩組地支子、丑同化合土，所以日課是火土一片，以土氣最旺。日課配以己丑年命及丑山未向最佳，己丑命雖云犯太歲，丑山是坐太歲，但若逢吉星飛臨則吉，若凶星飛臨則凶，在選擇配山及人命時，要計算清楚為妙，切勿犯之，要避開年、月紫白五黃。現將其配搭上之好處述之如下：

（一）己丑年命與日課年、日干支相同，是同旺氣。

（二）己年命及日課兩己干之貴人到日課月、時兩子支上，進貴也。己命與日課甲時干合土，日課是火土一片，生旺己丑人命及丑山。非常好之配搭。

此外由於日課甲子、乙丑干支不可能出現在一起，而火土是一氣，有相生之作用，若日課取午、巳地支配以甲、己天干，則可以大大生旺土氣，而甲、己合化土，是一極佳之配搭。

假設有己巳年命祭主，修造丑山未向，取日課於二〇一四年甲午年陽曆五月廿三日巳

時，日課四柱如下：

甲午　年
己巳　月
甲午　日
己巳　時

此日課本身成格成局，是雙飛蝴蝶格局，其好處如下：

（一）日課天干兩組甲己化合土，地支兩巳、午，是火土一片之氣，大大生旺丑山之氣。丑山亦與日課之月、時巳支成半三合金，大吉也。

（二）日課兩甲干之貴人到丑山，是進貴。日課兩己干之貴人在子而沖日課本身之午支，是沖貴。

（三）己巳年命與日課月、時干支相同，同旺之氣，己年命與日課兩甲干合化土，大吉之配搭。

人。

此日課除配己巳年命外，亦可配己丑命，因己是同旺，丑是同旺並且是日課甲干之貴人。

若日課配以甲申命人亦甚吉，甲命與日課同氣，申命合日課巳但不化合，因申巳合水受土所剋，但亦無妨，因日課兩己干之貴人到申命，亦甚吉。

以上日課只取天干合土，以地支火作輔助，若然甲子、己丑之干支不能取用，亦可專取地支子、丑合土，用天干配之。

例如作子山午向配己丑年命人，日課取二〇二〇年庚子年陽曆十二月十二日丑時，日課四柱為：

庚子　年
戊子　月
己丑　日
乙丑　時

日課之好處如下：

（一）日課地支兩子、兩丑合化土，年、月之天干庚、戊之貴人到日課之日、時丑支上，日、時天干己、乙之貴人到日課本身之年、月子支上，天干之貴人全到地支上。日課本身是大好格局。

（二）日課配以子山午向，是子山與日課年、月之子支同旺氣，又與日、時之丑支化合土，雖子山屬水，化合丑為土，這種情形之下，是水土同宮，大大生旺子山。

（三）日課己、乙兩干之貴人到子山，是進貴，配以丑命是山與命合，日課庚、戊二干之貴人到丑命，己命之貴人到日課兩子支上，亦是羅紋交貴格。全部都是上上配搭。

此日課有一小缺點，就是時干乙尅己日干，是「五不遇」時，但乙、己之貴人到兩地支子上，亦不為忌，雖云乙木尅己土而破壞地支子、丑之化合，但在此情況下，年、月子支，日、時丑支，合得堅固，丑日支發揮其合子月之力，故不為忌。

此日課亦可取子時相配之，日課四柱為：

庚子　年
戊子　月
己丑　日
甲子　時

若取子時，則日課之天干戍隔干甲戊庚天上三奇，其貴人全到丑日、丑人命，若配丑山則三奇貴人到山，若配子山則日課是隔支三朋格而同旺子山，子與丑合土，日課日、時甲、己二干化合土，土水同宮，是同旺格局。

日課己日干之貴人到日課本身之年、月、時之子支上及子山上，是集三格於一身，即是：

（一）隔干天上三奇甲、戊、庚格。

（二）地支隔支三朋（三子）格。

（三）羅紋交貴格（日課天干與地支互為貴人）。

另外日課子、丑二支合化土，日、時甲己二干合化土，亦屬部份六合土局。筆者繼大師認為這樣之格局是非常殊勝。

格局總歸格局，但以正五行、祿馬、貴人、三奇、三朋、六合、羅紋交貴等為主，亦只不過將日課四柱八個干支之數，用盡其力量，將其功能全部發揮出來吧！這個就是心要口訣，現筆者毫無保留地寫出，勝過自己盲瞎修練矣。

《本篇完》

（十六）六合五行擇日秘法之（三）——六合水局

繼大師

水局 —— 天干丙辛，地支申巳，兩者皆合化水局，若取丙申及辛巳干支，是全合水局，配以屬水與木之坐山及人命皆大吉。取丙年干，其月必是辛丑干支，故不能相配，若取辛巳年干支，則必是丙申干支月，故此能相合水局，其條件是辛巳年之丙申月，這月內要剛逢有辛巳日出現始可以相配完美。

例如二〇〇一年辛巳年，雖然可擇丙申月，但當中並沒有辛巳日出現，但若日之天干取金為用，亦可補其格局之不足。

如擇吉於二〇〇一年辛巳年陽曆八月廿五日巳時，配以壬山及壬午年年命祭主。

日課四柱如下：

辛巳　年
丙申　月
庚申　日
辛巳　時

日課配搭之好處如下：

（一）日課本身年、月干支為辛巳及丙申，天干地支全合水，日、時地支申、巳亦合水，日、時干支是庚、辛，兩金生旺水局，日課四柱是金水一片，非常旺也，故此配以壬、癸二山甚佳，是同旺局。配以屬木之坐山為印局，但以乙山最好，甲、卯二山次之，寅山又次之。

（二）日課年、時兩辛干之貴人到午年人命，是進貴，壬年人命及壬山之貴人到日課之年、時巳支上，大吉也。

（三）日課兩辛干之貴人到寅而沖日課本身之月、日申支，是沖貴。日課丙干之貴人到亥而沖日課兩巳支，亦是沖貴，丙干之祿到兩巳支上，庚干之祿又到兩申支上，日課本身是互為貴祿而生旺坐山及人命，是上佳之配搭。

若擇於同年之陽曆八月十日申時，日課四柱如下：

辛	巳	年
丙	申	月
乙	巳	日
甲	申	時

此日課除日、時干不同於上一例子外，其餘是一樣原理，亦是辛巳與丙申合化水，日時巳、申二支合化水，唯日、時天干取甲、乙，是水木一片，配以乙山及乙巳、癸巳人命均可。

日課年、月干支及日、時地支全合化水而生旺乙木坐山，另乙日干是同氣，乙山之貴人又在日課之月、時申支上。日課時干甲木雖是乙木之劫財，但同屬木，一個劫財不為忌。此日課與坐山人命之配搭，亦是甚佳之組合。

筆者繼大師發覺，若要取辛巳與丙申化合水之日課，要等到二〇六一年辛巳年陽曆八月卅一日申時。其日課四柱如下：

辛巳　年
丙申　月
辛巳　日
丙申　時

日課是干支全合化為水局，是六合水局，水局中有陰陽干支而化合水氣，可配壬、癸二山，子山亦可，亥山次之，其理與前章所論相同。

配水山是同旺局，配木山是印局相生，以乙山最好，甲山、卯山次之，寅山又次之。另外日課兩辛干因與丙化合，故不作尅乙山論。

六合化合之力強，此日課亦是雙飛蝴蝶格局，純屬水氣一片，所以切忌配以丙、午、丁、巳屬火之五行坐山，人命亦相同。

也。

雖然日課月、時兩丙干與丙山相同，因日課丙辛化合水，故不作個別丙干看，宜留意

此理與三合、五合局相同，即是：

取生、旺則吉

取剋、洩則凶

《本篇完》

（十七）六合五行擇日秘法之（四）——六合火局

繼大師

火局——天干戊、癸，地支卯、戌，兩者皆化合火局，干支戊戌與癸卯若出現在年、月及日、時兩組干支柱上，根本沒可能，這是由於「年上起月法」及「日上起時法」之規定，若取兩組最接近火土一氣，或木火一氣之六合格局，這還可以選取。

例如日課擇于二〇二三年癸卯陽曆六月十四日午時，日課四柱如下：

癸卯　年
戊午　月
癸卯　日
戊午　時

日課年、月及日、時兩組天干戊、癸合化火，兩組地支卯、午雖不合化火，但其五行屬木火一片，火氣熾盛。

此日課最適宜配己卯命及坤、艮山，其好處如下：

（一）日課本身木火氣強，以火氣最盛，配以坤山，五行是火生土，日課為坤山之印局，大旺坤、艮坐山。

（二）日課天干戊癸合化木生旺己命，卯命與日課年、日兩卯同旺氣，己卯命之己干貴人在申，而廿四山雙山五行是坤申同宮，己干貴人亦到坤山。

（三）己命之祿到日課之月、時兩午支上，進祿也。日課兩癸干之貴人到卯命，祿貴互交，是羅紋交貴格。

日課、人命及坐山，三者之配合極相配，此日課單以五行而言，是月、時兩戊干之陽刃在本身之坐支下，但不為忌，因為日課戊、癸已合化火，戊午又是同柱，故不作陽刃看。

除以上日課外，亦可取同月之另一日課，其原理相同。日課擇同年之陽曆六月九日丑時，日課四柱如下：

癸卯　年
戊午　月
戊戌　日
癸丑　時

日課天干戊、癸合化火，與前例之位置略變，其化合原理一樣，日課月、日地支午、戌半三合火局，火氣更為強盛，取「丑時」，是月、日兩戊干之貴人吉時。可配癸巳年命祭主及巳山、坤山及艮山。

此日課若配巳山及癸巳年命祭主，其好處如下：

（一）　癸命與日課年、時兩癸干同氣，又與月、日兩戊干化合火，癸命之貴人到卯年支，日課兩戊干之祿到巳命，是進祿，日課兩癸干之貴人亦到巳命，所以配癸巳年命生人最佳。

（二）　巳山屬火，日課除天干化合火外，月、日之午、戌支半三合火局，大旺巳山，日課兩癸之貴人同到巳山，兩戊干之祿亦同到巳山，上上之配搭。

另外天干六合化火局，亦可以選取年、月及日、時而合，例如擇二〇一八年戊戌年陽曆六月廿日亥時。日課四柱如下：

戊戌　年
戊午　月
癸未　日
癸亥　時

此日課兩戊兩癸干合化火局，至於地支之看法，筆者繼大師認為：

（一）　日課戌年支與午月支是半三合火局。

（二）　日課未日支與亥時支是半三合木局。

綜合以上兩點，所以日課午月支與未日支不作六合看，而地支日、時半合木局生旺年、月半三合火局，所以木火熾盛，火氣為專。

又日課戊、癸之化合火局，雖時支為亥水，但亥、未支是半三合木局，理應不作單以亥水看，所以亥支亦不妨礙戊、癸二干之化合。

此日課所配坐山及人命與前例相同，在此不贅。若此六合化火局取同年陽曆六月卅日丑時，日課四柱如下：

戊戌　年
戊午　月
癸巳　日
癸丑　時

此日課不取癸亥時是因為破時也，此例與上一例是日、時地支不同，其餘各干支是一樣的，雖然天干全化合火，年、月地支又半三合火局，但此日課之日、時支是巳、丑半三合金局，並受火局所剋，所以此日課不比前一日課好，但配癸酉人命，則略可生旺祭主，而不致酉金命全被火所剋。日課亦可取午時，四柱是：

戊戌　年
戊午　月
癸巳　日
戊午　時

日課戌火土一片，這是在時辰方面的選取技巧，由於此日課在天干上缺少一癸，所以在選配坐山方面，應取巳山，使戊干之祿到巳山，則不怕日課午支劫財。若取配午山則不甚適宜，因日課三戊之陽刃全到午山，大凶也。

日課若取癸卯日，則不見於二〇一八年之戊戌年，只可以在一九五八年之戊戌年出現，若在一九五八年戊戌年陽曆十一月廿二日午時，日課四柱是：

戊戌　年
癸亥　月
癸卯　日
戊午　時

這個日課則較為理想，天干除戊、癸合化火外，月、日之亥、卯地支亦半三合木局而生旺火局，日課在午時，正是歲支之三合，是歲合，此日課是天干化合火局之格。

若日課取地支六合化火局，則要注意天干是否有水來剋破。例如擇於二〇二三年癸卯年陽曆十一月廿四日卯時。日課四柱如下：

癸　卯　　年
壬　戌　　月
丙　戌　　日
辛　卯　　時

這日課雖然地支年、月及日、時是卯、戌化合火局，但天干年、月為壬、癸水，加上日、時丙、辛二干化合水，是天干水氣一片與地支火氣一片交戰，互相剋洩，雖天干是隔干人中三奇壬、癸、辛，這日課不取為妙。

若取地支六合化火局，可取天干木或土而相生地支火局。例如擇於二〇一八年戊戌年陽曆三月七日卯時，日課四柱為：

戊戌　年
乙卯　月
戊戌　日
乙卯　時

日課地支戌、卯六合化火局，天干乙木之祿到卯支而生旺火，火生旺戊土，可配乙卯年命祭主及坤、艮山而修造。其好處如下：

（一）日課火氣生旺坤、艮山，日課乙干尅戊干而洩氣，所以尅坤、艮山之力少，而乙干之貴人到申，申與坤同雙山五行，所以日課乙干之貴人同到坤山。

（二）乙卯年命是與日課月、時兩柱相同，是同旺之氣。卯命又與日課戌支合火，乙命尅日課戊干土，戊為乙命之正財。

這樣之選配甚為大吉，但要留意一點，凡取火土旺局，切忌犯上「土王用事、土符、土府、五黃、都天、都天夾煞」等屬土之煞，因火土太旺，會增加土煞之破壞力，宜小心處理。

《本篇完》

（十八）正五行擇日秘法之（五）——六合金局

繼大師

金局——在正五行之天干地支中，天干乙、庚及地支辰、酉是合化金局，若將乙酉及庚辰兩組干支相配一起，則是純金局。在六組地支及五組天干之化合中，乙酉及庚辰干支，是唯一一組能夠將年、月及日、時排在一起的。

舉例如下：

若有乙丑年命生人，修造庚山，日課取二〇〇五年陽曆五月一日辰時。日課四柱如下：

乙酉　年
庚辰　月
乙酉　日
庚辰　時

日課之好處如下：

（一）日課天干兩組乙、庚及地支兩組酉、辰合化金局，由於是化合關係，所以是純金局中有陰陽干支在其中，而修造庚山，則是同旺金局，極旺庚金坐山。

（二）庚山與年、日兩乙干亦合金，與月、時兩庚干同旺氣，純金氣之格局。

（三）日課年、日兩乙干與乙命同旺氣，乙命與日課月、時兩庚干化合金。兩庚干之貴人又到丑年命人，進貴也，日課年、日之酉支與丑命成半三合金局，但合力微弱，甚至不能合，因酉支戀辰支之合而不與丑命合。

這樣之配搭筆者繼大師認為是天衣無縫，極佳之配合，但無論如何，這種日課與命山之配合，是可遇不可求。不能說是為了用這日課造葬山墳，令先人骨殖要等待三、五年罷！若日課剛逢其時，能使用之則是祭主福氣。

這日課除選配庚山外，亦可配辛山、酉山、申山、乾山，是同旺局。

日課配壬山、癸山、子山、亥山是印局。

日課配丙山、丁山、午山、巳山為財局，是洩屬火坐山之氣，除來龍帶煞（龍雄帶煞）則例外，但現今社會裡，其可能性極小，其原因是：

（一）真龍結穴少有，一般公墓者居多。

（二）若是真龍結穴而又屬於龍雄帶煞的，或真龍過峽處有石曜嶙峋，簡直是少之又少。

（三）能真正懂得龍法、穴法、能確認是龍雄帶煞、能點穴造葬的能人，更是稀有難找。

（四）世間有這樣大福份的人而又能造葬祖先在龍雄帶煞之真龍大結之地上，又能具備以上三種條件，現今世上能有幾人？

所以理論總歸理論，使用財局日課要配合實際環境。也許在落脈帶煞的公墓能用得著吧！

還有日課化合金局不能選配被剋洩之坐山，若配寅山、甲山、卯山、巽山，是日課剋坐山，是煞局，乙山雖然可以相配，因為與日課同旺及化氣之關係，但仍然有金剋木之危機。

日課若配艮山、坤山、戌山、未山、丑山，是洩坐山之土氣。由於日課干支是化合關係，地支酉、辰六合金局，所以酉支不與丑山半三合金局，而作日課金局洩丑山土氣論。

若配辰山，辰山雖是水庫，但辰山與日課兩辰支相同，自然與酉化合金，是同體，以筆者繼大師個人之見是可以勉強使用的。

另外在干支化合金局上，亦可以選庚辰年及日，配以乙酉月及時。例如擇於二〇〇〇年庚辰年陽曆九月十九日酉時。日課四柱是：

庚辰　年
乙酉　月
庚辰　日
乙酉　時

這干支六合金局日課與前例相同，只是年、日與月、時兩組柱對調罷了，這是唯一能配合兩組干支位置而又能符合年上起月法及日上起時法的六合局。唯一的問題是：

乙酉月內是否有庚辰日出現

庚辰月內是否有乙酉日出現

能解決此問題，則日課六合金局自然垂手可得。

《本篇完》

（十九）正五行擇日秘法之（六）——化合日月局

在所有干支之組合中，只有午、未兩地支不是化合五行氣的，午是日，未是月。在七政四餘總論中說太陽到午宮是歸垣，太陰入未宮亦是歸垣，換句話說「午」是太陽之家，「未」是月亮之家。所以地支中之午、未是化合日月，雖沒有化合成一五行，但午、未在南方，後天為離卦位，是屬於火土。

由於午、未是火土，未又是木庫，天干宜取火、土，若以貴人相配，則天干宜取甲、戊、庚、辛之干。若以化合五行，天干宜取戊、癸化合火相配之。

例子（一）若有癸巳年命人修造未山，擇於二〇六三年癸未年陽曆六月廿四日午時。

日課四柱是：

癸未 年
戊午 月
癸未 日
戊午 時

日課與坐山及人命相配之好處如下：

（一）日課本身是雙飛蝴蝶格局，天干年、日兩癸與月、時兩戊化合火局，地支兩組午、未合化日月。兩戊干之貴人到地支兩未上，成格成局，火土一片之氣。

（二）日課兩戊干之貴人到未山，未山又與日課年、日兩未支同氣，未山與日課午支合日月，大大生旺未山，進貴而合。

（三）日課兩癸干與癸命同氣而旺，兩癸干之貴人到巳年命祭主上，巳命與日課午、未支是三會南方，三者相配極宜。

例子（二）日課若取天干甲、辛而配午、未之化合，可擇於二〇一四年甲午年陽曆七月廿二日未時，配以午山及辛未年命人。

日課四柱是：

甲午　年
辛未　月
甲午　日
辛未　時

日課之好處如下：

（一）日課是雙飛蝴蝶格局，兩甲干之貴人到兩未支上，兩辛干之貴人又到兩午支上，兩組午、未地支化合日月，日課本身干支互為貴人，極好之格局。

（二）日課兩辛干之貴人到午山，午山又與日課兩午支同旺氣，午山又與日課未支化合，極之相配。

（三）日課兩辛干與辛命同旺氣，辛命之貴人到日課年、日兩午支上。日課兩甲干之貴人到未命支上，未命亦與日課月、時之未支同旺氣，未命又與日課兩午支化合日月，兩者互為貴人及合旺，關係極密切，相配得宜。

日課亦可取天干化合土而配地支午、未合之局。

例子（三）若有己未年命祭主，修造坤山艮向，擇於二〇三八年戊午年陽曆七月十六日未時。

日課四柱是：

戊　午　　年
己　未　　月
甲　午　　日
辛　未　　時

日課之好處如下：

（一）日課本身戊、甲干之貴人到兩未支上，甲、己二干合化土，辛干之貴人到兩午支上，兩組午、未地支化合日月，己月干之祿到年、日兩午支上，進祿也。

（二）日課甲、己化合土，大旺坤山，戊年干又是土，日課午、未地支旺火而生旺坤

山，五行氣火土一片。日課己月干之貴人到申，申與坤是同宮雙山五行，己干之貴人到坤山，貴旺氣同到，極好之配搭。

（三）己未人命與日課己未月同旺氣，與日課甲日干合化土，己之貴人在子而沖日課兩午支，是沖貴也。日課甲、戊二干之貴人到未命，進貴也。己命之祿又到日課兩午支上，羅紋交貴交祿格。

日課除順排地支成雙飛蝴蝶格之外，亦可用年、月及日、時重疊而合化。

例子（四）若有辛未年命人，修造午山子向，取於二〇三八年戊午年陽曆六月十一日未時。

日課四柱是：

戊午　年

戊午　月

己未　日
辛未　時

其好處是：此日課地支兩午、兩未化合日月，天干辛之貴人到午支上，兩戊干之貴人到兩未支上，己干之祿到兩午支上。此日課所嫌者是戊之陽刃到午山上，是一小缺陷也。若取癸未日，則癸、戊化合火而令陽刃少了一個，這更完美，這出現於同年之陽曆七月五日，若取未時，日課四柱是：

戊午　年
戊午　月
癸未　日
己未　時

這樣之選取更加適宜，這就是加配天干細微巧妙之處，是繼大師個人心要口訣之流露，讀者們宜詳玩之。

這日課若配同一人命坐山則較前者為勝。其好處如下：

（一）日課火土一片，生旺午山，午山與日課兩未化合日月，又與兩午支同旺，日課己時干之祿到午山，戊、癸合化火而旺午山，此日課配以午山是最好最殊勝的。至於日課本身戊干之陽刃到午支上，因為戊午干支自成一柱，故此沒有問題。

（二）日課配以辛未年命人，則辛命之貴人到午山及日課兩午支上，日課兩戊干之貴人到未命上，互為交貴，未命與日課兩未支同氣，又與兩午支合化日月，最佳之配搭。

日課取午、未合，一定要能發揮其力量始可選用，有一些人擇日，只顧格局，不能配命，亦與坐山無關係，這必不能將日課「物盡其用」，失去擇日之宗旨，天時不能合也。

《本篇完》

（廿）天干五合及地支六合之正五行擇日秘法心要總論

繼大師

在正五行擇日法中，天干之五合及地支之六合雖然是鄰柱干支之組合，但其化合所產生之五行，必有一定之力量，若然四柱中以年、月及日、時作橫看，取其組合所產生之五行作日課，必然可扶山相主，若將它們干支分類，並將年、月及日、時化合作表，則容易選取，而且快捷及有效率。

由於「年上起月法」之規定，在年柱相配月柱中，而天干與天干成五合，地支又與地支成六合，橫看是化合，直看是年、月兩柱之關係，這樣的組合，機會不大，假設日課取甲年，己月是合甲成土，則一定是在己巳月，若甲年地支要與巳月支合，則一定是：

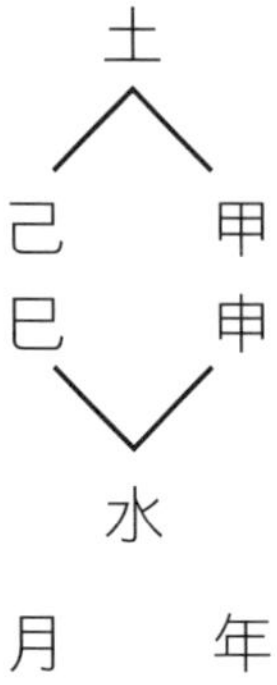

月	年
己	甲
巳	申

甲己合化土（上），申巳合化水（下）

年、月干支化合表——繼大師作表

年干支	月干支	化合之五行
甲申	己巳	土 水
己卯	甲戌	土 火
乙酉	庚辰	金
庚辰	乙酉	金
內戌	辛卯	水 火
辛巳	丙申	水
丁亥	壬寅	木
壬午	丁未	木 月、日
戊寅	癸亥	火 木
癸未	戊午	火 月、日

同樣是因「日上起時法」的規定，所以日柱若相配時柱，而兩組干支是相合的，則其機會比年、月之組合為大，因為天干之時是十個，配上十二個時辰後，有時是重覆一次天干之數，舉一例如下：

若己日取甲干之時，則天干是五合甲己土，己日有兩個甲時，一個是甲子時，一個是甲戌時，若要與甲子時之「子支」成六合，則　定要取己丑日。若要與甲戌時之「戌支」成六合，則一定要取己卯日相配之，即是：

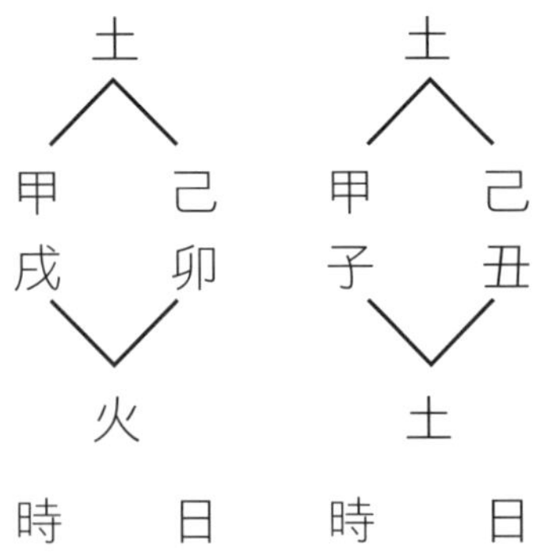

日、時干支化合表——繼大師作表

化合之五行	日 時 干支	化合之五行	日 時 干支
土 水	甲申 己巳	木 土	丁丑 壬子
土 火	己卯 甲戌	木 木	丁亥 壬寅
土 土	己丑 甲子	木 月、日	壬午 丁未
金 金	乙酉 庚辰	火 土	戊子 癸丑
金 金	庚辰 乙酉	火 木	戊寅 癸亥
水 火	丙戌 辛卯	火 月、日	癸未 戊午
水 水	辛巳 丙申		

以上之圖表可供參考，用在選取日課時，以六合之五行而生旺坐山及祭主，選取以兩組圖表日課要注意下列事項：

（一）取年與月或日與時之干支，要天干化合之五行相生地支所化合之五行，或取地支所化合之五行相生天干所化合之五行，或取天干與地支相同之化合五行。例如：

年、月之天干甲、己化合土，年、月之地支卯、戌化合火，地支化火生旺天干化土之氣。

或

土

己丑　日

甲子　時

土

日、時之天干甲、己化合土，日、時之地支丑、子亦化合土，是全土局。

（二）日課四柱取年、月干支與日、時干支，兩柱中之化合是相宜或同一氣。例如：

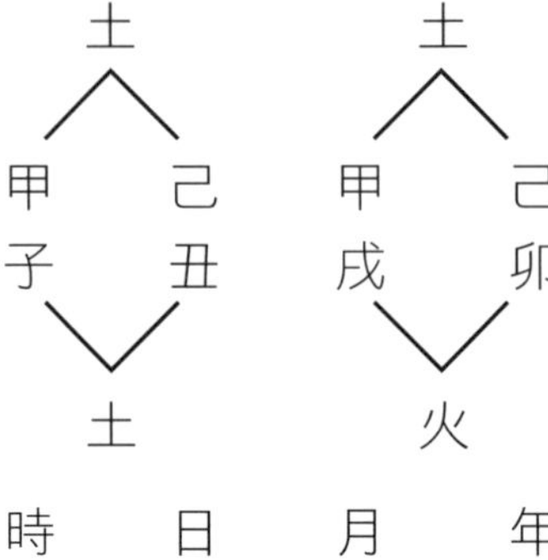

除年、月地支卯、戌化火外，其餘各組干支是化合土，是火土一片。想取得此日課，可查萬年曆，一九三九年、一九九九年及二〇五九年是己卯年，而這三年中在甲戌月出現有己丑日，就只有一九三九年陽曆十月十九日初子時罷了，若配以艮山、坤山、戌山，再配以己丑年，則是上佳之配搭。

繼大師認為以此圖表作依據而選取化合日課格局，是非常有效率的，當然並非只為取格局而擇此日課，但多懂一點方法，則擇日之功夫容易進步，此法是筆者之心得要訣，現將其全部公開，皆因不想用事之人誤用日課而招致凶事發生，二來想將正五行擇日古法重新演繹，發揚我國傳統五術擇日之學，使人們明因果，知修善因，作為求福之本，則福自心生，用擇日之法，使陰陽兩利，怨氣少生，則祥和之氣自然增加。

六合及五合化合五行擇日之法，未必以「雙飛蝴蝶格」為唯一之格局（即年、日干支及月、時干支相同），亦未必只是單取天干或單取地支的雙飛蝴蝶格，日課亦可能用年、月相同之干支，與日、時相同之干支作六合、五合之干支化合格局。

同樣的問題出現，由於「年上起月法」之規則所限，要排列出相同的年、月干支，在六十甲子中，只有十二個干支可以做到，茲列如下：

年、月干支相同表——繼大師作表

年干支	月干支
甲戌	甲戌
己巳	己巳
乙酉	乙酉
丙申	丙申
辛卯	辛卯
庚辰	庚辰
辛丑	辛丑
丁未	丁未
壬子	壬子
戊午	戊午
癸亥	癸亥
壬寅	壬寅

當我們得知年、月同干支之組合後，我們用同樣之方法，用「日上起時法」求出日、時相同之干支組合，但只有十三個干支組合出現。

日、時干支相同表——繼大師作表

日干支	時干支
甲子	甲子
甲戌	甲戌
己巳	己巳
乙酉	乙酉
丙申	丙申
辛卯	辛卯
丁未	丁未
壬寅	壬寅
壬子	壬子
戊午	戊午
癸亥	癸亥
癸丑	癸丑
庚辰	庚辰

從以上之同干支年、月及日、時兩表中，可以選取不同之兩組干支作日課，條件就是要成天干五合，地支六合，茲列日課如下：

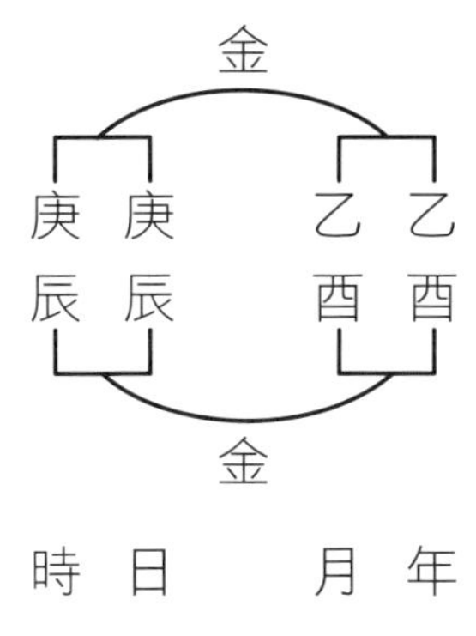

乙酉年之年份是：二〇〇五年、二〇六四年、一九四五年。這三個年份中，就只有一九四五年陽曆九月八日是庚辰日，剛好是辰時（早上八時卅九分）交白露而踏入乙酉月，其餘兩年份之庚辰日不出現於乙酉月。

若取以上化合金局之日課，要選取一九四五年乙酉年陽曆九月八日早上八時卅九分至八時五十九分之辰時，始可以擇得此日課。

日課若取以上兩表中之化合局，亦可取：

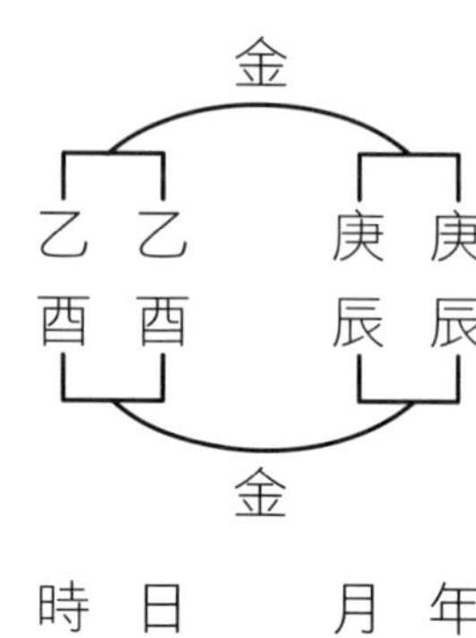

此日課由年份算起，是出現於二〇〇〇年、一九四〇年及二〇六〇年。這三個年份中，出現在庚辰月中之乙酉日，就只得一九四〇年之庚辰年陽曆四月十二日酉時，其餘兩年的乙酉日，不見出現在庚辰月。

從以上年、月及日、時兩組干支相同圖表中，除乙酉及庚辰兩組干支外，筆者繼大師實找不出第三組之干支化合日課。但若以天地同流格局找之，則只有十一個干支可以成立的。茲列如下：

「四甲戌、四己巳、四乙酉、四庚辰、四丙申、四辛卯、四丁未、四壬寅、四壬子、四戊午、四癸亥。」

又從上列兩表中（年、月及日、時天干相同表），若以純天干化合所配之日課（乙、庚除外），以下列日課筆者認為最好，茲列如下：

戊	午	年
戊	午	月
癸	丑	日
癸	丑	時

日課天干戊、癸化合火，地支兩午亦是火，兩戊干之貴人在兩丑支上，兩癸干之祿在子而沖兩午支，是本身沖祿，兩組地支午、丑雖不化合及相穿，但午火生丑土，雖是丑之梟神，但整個日課是火土一氣。

現列上年、月及日、時之天干化合表如下：

年、月及日、時天干化合表——繼大師作表

天干化合五行	年	月	日	時	天干化合五行	年	月	日	時
土	甲戌	甲戌	己巳	己巳	木	丁未	丁未	壬寅	壬寅
土	己巳	己巳	甲子	甲子	木	丁未	丁未	壬子	壬子
土	己巳	己巳	甲戌	甲戌	木	壬寅	壬寅	丁未	丁未
金	乙酉	乙酉	庚辰	庚辰	木	壬子	壬子	丁未	丁未
金	庚辰	庚辰	乙酉	乙酉	火	戊午	戊午	癸丑	癸丑
水	丙申	丙申	辛卯	辛卯	火	戊午	戊午	癸亥	癸亥
水	辛卯	辛卯	丙申	丙申	火	癸亥	癸亥	戊午	戊午
水	辛丑	辛丑	丙申	丙申					

以年、月及日、時地支化合表中，除酉、辰化合金局外，繼大師認為以丁未年、月配戊午日、時，及壬子配癸丑，壬寅配癸亥，丙申配己巳，或作相反調配是較為好一些，以天干化合及地支化合兩表中，是以年、月及日、時地支化合表中之日課配搭較為理想。

現列上年、月及日、時地支化合表如下：

年、月及日、時地支化合表——繼大師作表

年干支	月干支	日干支	時干支	地支化合五行	年干支	月干支	日干支	時干支	地支化合五行
甲戌	甲戌	辛卯	辛卯	火	辛丑	辛丑	甲子	甲子	土
己巳	己巳	丙申	丙申	水	丁未	丁未	戊午	戊午	月、日
乙酉	乙酉	庚辰	庚辰	金	壬寅	壬寅	癸亥	癸亥	木
庚辰	庚辰	乙酉	乙酉	金	壬子	壬子	癸丑	癸丑	土
丙申	丙申	己巳	己巳	水	戊午	戊午	丁未	丁未	月、日
辛卯	辛卯	甲戌	甲戌	火	癸亥	癸亥	壬寅	壬寅	木

這天干五合及地支六合之正五行擇日秘法，古法造命擇日法未曾有人提倡，只有用天地同流格取日課與祭主合命，在《選擇求真》卷二造命格局中有如此之記載：

「曾公為壬午造主。作巳山亥向宅。用四丁未是也。記曰天干渾丁支渾未。天地同流皆一氣。天干合命愈為奇。管取家豪代代貴。」

這就是取壬與丁干化合木，地支午命與四未支合日月之例，但以日課合祭主而不以化合為格局，其道理是相通的。

昔日恩師　呂克明先生為其七叔公之親戚選擇日課，其新建陽宅為乙山辛向，福主乙卯年命，日課用於興工動土，擇於一九五四年甲午年農曆十二月十八日巳時，即陽曆一九五五年一月十一日早上十時。

日課四柱是：

甲午　年
丁丑　月
壬申　日
乙巳　時

呂師云：**「課取山頭主命與課內四柱祿貴交馳，且丁壬化木與乙同氣，巳申合水等，皆能扶山相主，冬月用壬日，健旺非常，時又得天乙、玉堂貴人同座，吉甚。查十二月月合在乙，月恩在辛，天赦在兑，天道在西，八白亦在西，日有歲馬、母倉諸吉神用值，用後定主丁財兩旺，大吉大利，良可賀也。」**

筆者分析如下：

（一）日課本身甲年干之貴到丑月支，丁月干之祿到午歲支，壬日干之貴人到巳時支，乙時干之貴人到申日支，天干地支皆有密切關係，本身是吉課。

（二）日課丁、壬合木及甲、乙干亦同旺木氣，地支申、巳化合水，水木之氣大旺乙山及乙卯年命人，是羅紋交貴格，亦可稱為：

「祿貴交馳格」

所以正五行擇日之化合局，其道理像三合五合局，最終是以五行之氣扶山相主，而帶祿帶貴最好，並以日課、祭主（福主）及坐山，三者相配，必能邀福。但切勿為求大格局

而選取日課，這六合、五合化局亦是一樣，取到吉課，要盡用日課之力量，若日課大吉而不能相配得其利益，則有失擇日之宗旨，如果日課歸日課，福主人命歸人命，坐山歸坐山，若三者沒有關係，沒有吉、凶之相配，就算是上等吉課，也沒有用處，若日課中吉之格，而能配用，也可邀福。這些都是筆者繼大師多年來之心得。

《本篇完》

（廿一）祭主及山命之天干在日課四柱中之空亡原理

繼大師

干支中之十天干，配以地支十二個，得出六十組干支，稱為六十花甲，由於子至亥之地支有十二個，當配上十個天干後，便剩餘有兩個地支，這兩個地支稱為「空亡」。

在六十個干支中，每一組天干數，稱之為「旬」，例如：

甲子、乙丑、丙寅、丁卯、戊辰、己巳、庚午、辛未、壬申、癸酉。

以「甲子」為首之天干配地支組合，便是「甲子旬」，在這組干支中，以戌、亥地支是剩餘之地支，所以在「甲子旬」中，即甲子至癸酉干支數，戌、亥地支是「空亡」位。

在第二組干支數上，由甲戌開始，即甲戌、乙亥、丙子、丁丑、戊寅、己卯、庚辰、辛巳、壬午、癸未。這十組干支數稱為「甲戌旬」。其地支再往下數，便是申、酉，是甲戌旬中之剩餘地支，所以申、酉地支是為「甲戌旬」中之空亡地支。

茲列出六十花甲六甲旬中之空亡表如下：

六甲空亡表 —— 繼大師作表

甲子旬	**甲戌旬**	**甲申旬**	**甲午旬**	**甲辰旬**	**甲寅旬**	
甲子	甲戌	甲申	甲午	甲辰	甲寅	
乙丑	乙亥	乙酉	乙未	乙巳	乙卯	
丙寅	丙子	丙戌	丙申	丙午	丙辰	
丁卯	丁丑	丁亥	丁酉	丁未	丁巳	
戊辰	戊寅	戊子	戊戌	戊申	戊午	
己巳	己卯	己丑	己亥	己酉	己未	
庚午	庚辰	庚寅	庚子	庚戌	庚申	
辛未	辛巳	辛卯	辛丑	辛亥	辛酉	
壬申	壬午	壬辰	壬寅	壬子	壬戌	
癸酉	癸未	癸巳	癸卯	癸丑	癸亥	
戌亥	申酉	午未	辰巳	寅卯	子丑	空亡

若祭主是甲命干人，而甲之祿，在地支寅位上，寅、卯支是甲辰旬（甲辰排至癸丑）十個干支之空亡地支，甲命人在甲辰旬中，就只有「甲辰」與甲命干相同，所以，甲命干人若擇甲辰日用事，則是甲命之祿空日。

若甲命生人，其陽貴在丑支上，陰貴在未支上，丑地支剛好是甲寅旬（甲寅至癸亥干支）中之空亡支，甲干命以甲寅旬中之甲寅為同干，所以甲命人擇甲寅日用事，則是甲命之陽貴人空亡日（簡稱陽貴空）。

甲命因其陰貴人在未支上，未支是甲申旬（甲申至癸巳）中之空亡支，甲干命以甲申旬中之甲申是相同天干，所以甲命人擇甲申日用事，則是甲命之陰貴人空亡日（簡稱陰貴空）。

總括以上甲命之空亡日，即是：

甲命祭主——擇甲寅日是陽貴空日

甲命祭主——擇甲申日是陰貴空日

甲命祭主——擇甲辰日是祿空亡日

以此原理，可推算其他各命干之祭主空亡日，而擇日用事忌用。

茲列表如下：

祭主天干年命在日課日柱中之空亡表 —— 繼大師作表

祭主年命	日柱之陽貴空	日柱之陰貴空	日柱祿空
甲命	甲寅日	甲申日	甲辰日
乙命	乙亥日	乙卯日	乙巳日
丙命	丙子日	丙寅日	丙申日
丁命	丁卯日	丁丑日	丁亥日
戊命	戊午日	戊子日	戊戌日
己命	己未日	己卯日	己丑日
庚命	庚申日	庚寅日	庚辰日
辛命	辛亥日	辛卯日	辛巳日
壬命	壬子日	壬寅日	壬申日
癸命	癸丑日	癸卯日	癸亥日

此表中之甲至癸干命，亦可適用於廿四山之坐山之中，如甲山庚向，甲寅日是陽貴空日，甲申日是陰貴空日，甲辰日是祿空日，如此類推，唯戊、己屬中土，廿四山之中並沒有坐向，其餘甲至癸內八天干之用法相同。

《本篇完》

（廿二）祭主及山命之地支在日課四柱中之空亡原理

擇日造葬，日課以扶山相主為重，山及人命的所屬干支切忌是日課日柱中之空亡地支，前一章是論及天干空亡，今章是說及地支空亡之理。

祭主之祿空日尋法

若祭主是亥年人命，亥支是壬干之祿，亥支是甲子旬（甲子、乙丑、丙寅、丁卯、戊辰、己巳、庚午、辛未、壬申、癸酉）的空亡地支，在甲子旬內，就只有壬申干支之壬天干的祿在亥命祭主上；因此，若日課取壬申日配以亥命人，就是亥命人之祿空日。

祭主之貴空日尋法

假設祭主仍是亥年人命，亥支是丙、丁干之貴人，亥支是甲子旬內干支的空亡位，所以在甲子旬內有丙、丁干之干支就是「丙寅、丁卯」，故此，亥命人擇丙寅及丁卯日用事，是為亥命人之「貴空」日。

祭主之馬空日尋法

驛馬之空亡日，簡稱為「馬空日」，驛馬有遠行之應，若逢空亡日，其遠行之吉凶減半，若逢沖破日，謂沖空，沖馬空則大凶。

若同是亥年人命，其驛馬在「巳支」上，巳支是甲午旬（甲午、乙未、丙申、丁酉、戊戌、己亥、庚子、辛丑、壬寅、癸卯）內干支之空亡，這甲午旬內十個干支中，亥、卯、未支以巳支為驛馬，因此，乙未、己亥、癸卯三個干支亦以巳支為驛馬空亡。以亥年命生人計算，其道理與卯、未年命生人相同。即是：

（一）亥、卯、未年命生人，其驛馬在巳支上。

（二）巳支是甲午旬之空亡地支，而甲午旬內有亥、卯、未支之干支是乙未、己亥、癸卯，故這三組干支是亥、卯、未年命生人之馬空日。

財空日（又稱馬空日）之原理及尋法

在十二地支中，四長生支又是驛馬支，其道理是以三合之金、木、水、火局之衰旺關

係為主，即是：

五行	長生	帝旺	墓庫	驛馬之地支
火	寅	午	戌	申
水	申	子	辰	寅
金	巳	酉	丑	亥
木	亥	卯	未	巳

財空日只出現於寅、申、巳、亥四支之人命及山命上，因「寅、申、巳、亥」是金、木、水、火之長生位，它是構成各三合五行的重要地支。財空日之尋法，是以生年命支為主，例如以亥年生人或山命為例，亥是甲子旬（甲子、乙丑、丙寅、丁卯、戊辰、己巳、庚午、辛未、壬申、癸酉）內干支之空亡地支，而亥支是巳、酉、丑三合金之驛馬地支，故此在甲子旬中有巳、酉、丑支之干支，便是亥支之馬空日。即亥年生人或亥山命，若日課擇於乙丑、己巳、癸酉日，便是驛馬空日。

由於亥命支為乙丑、己巳、癸酉日之空亡地支，以亥支為主，是亥亥同氣，是為同旺五行氣，故又稱「財空日」，等於天干之五行氣與地支相同而成祿位之道理相同（例如甲祿在寅，同是同陰陽之木氣）。

筆者繼大師現將地支年命及山命之空亡日，作出一表，以供查閱。

《本篇完》

祭主地支年命在日課日柱中之空亡表——繼大師作表

山命及年命	馬空日	貴空日	祿空日	財(馬)空日
子年	甲辰日 戊申日 壬子日	乙卯日 己未日	癸亥日	
丑年	乙丑日 己巳日 癸酉日	甲寅日 戊午日 庚申日		
寅年	甲戌日 戊寅日 壬午日	辛亥日	甲辰日	甲辰日 戊申日 壬子日
卯年	乙未日 己亥日 癸卯日	壬子日 癸丑日	乙巳日	

山命及年命	辰年	巳年	午年	未年
馬空日	甲辰日 戊申日 壬子日	乙丑日 己巳日 癸酉日	甲戌日 戊寅日 壬午日	乙未日 己亥日 癸卯日
貴空日		壬寅日 癸卯日	辛卯日	甲申日 戊子日 庚寅日
祿空日		丙申日 戊戌日	丁亥日 己丑日	
財（馬）空日		乙未日 己亥日 癸卯日		

山命及年命	申年	酉年	戌年	亥年
馬空日	甲辰日 戊申日 壬子日	乙丑日 己巳日 癸酉日	甲戌日 戊寅日 壬午日	乙未日 己亥日 癸卯日
貴空日	乙亥日 己卯日	丙子日 丁丑日		丙寅日 丁卯日
祿空日	庚辰日	辛巳日		壬申日
財（馬）空日	甲戌日 戊寅日 壬午日			乙丑日 己巳日 癸酉日

（廿三）空亡日課之使用法——附地支空亡表

繼大師

筆者繼大師在研究日課空亡用法期間，發覺空亡日課並不是常常帶着凶性的，若用得巧妙，可邀福祿。因此特別用六十甲子之空亡關係，設計了十二地支在日課四柱之空亡表，方便查閱。此表之用法，是以年、月及日、時各一組別，例如在辰、巳支空亡表中，若在丙申年，則由甲午至辛丑月均是辰、巳支之空亡年月，若在丁酉及壬寅年，則只有壬寅及癸卯月是空亡干支，而日之空亡，是由甲午至癸卯日，全是這兩組年、月干支之空亡日。

但在這十個空亡日中，只有兩組是各有空亡時的，以丙申及辛丑日中，只有甲午至庚子（夜子時）是空亡時，而丁酉及壬寅，就只有庚子（早子時）至癸卯時是空亡時，若以年、月、日、時中得空亡位之干支，便是辰、巳地支之四柱空亡日課了。

例如在辛丑年（公元二〇二一年）陽曆十二月十九日亥時，日課四柱是：

辛　丑　年

庚　子　月

辛　丑　日

己　亥　時

此日課由甲午時至庚子時（夜子時），即甲午、乙未、丙申、丁酉、戊戌、己亥、庚子時，在辰及巳命或山命來說，這日課四柱之空亡全在辰及巳支上。而甲午旬由甲午至癸卯日，就只有丙申、辛丑及丁酉、壬寅兩組附有兩組空亡時。

若辛丑年之己亥月中（二〇二一年農曆十月立冬至大雪間），其中並沒有出現甲午至癸卯日，所以只是日課中之年、月二柱（辛丑年己亥月）是辰及巳之空亡干支。

此表是方便查閱年命或山命地支，看看所擇日課是否落於四柱空亡中，假若年及月不犯上空亡，亦可從日之干支上查閱時干支，看看是否落在空亡位上，但大致上，年月及日時之干支組合，其配搭是一樣的。

十二地支在日課四柱中之空亡表——繼大師作表

子、丑空亡

年	戊午	癸亥								
月	甲寅	乙卯	丙辰	丁巳	戊午	己未	庚申	辛酉	壬戌	癸亥
日	甲寅	乙卯	丙辰	丁巳	戊午	己未	庚申	辛酉	壬戌	癸亥
日	戊午	癸亥								
時	甲寅	乙卯	丙辰	丁巳	戊午	己未	庚申	辛酉	壬戌	癸亥

寅、卯空亡

年	丁未	壬子								
月	甲辰	乙巳	丙午	丁未	戊申	己酉	庚戌	辛亥	壬子	癸丑
日	甲辰	乙巳	丙午	丁未	戊申	己酉	庚戌	辛亥	壬子	癸丑
日	丁未	壬子								
時	甲辰	乙巳	丙午	丁未	戊申	己酉	庚戌	辛亥		

辰、已空亡		
年	丙申 辛丑	丁酉 壬寅
月	甲午 乙未 丙申 丁酉 戊戌 己亥 庚子 辛丑	壬寅 癸卯
日	甲午 乙未 丙申 丁酉 戊戌 己亥 庚子 辛丑 壬寅 癸卯	
日	丙申 辛丑	丁酉 壬寅
時	甲午 乙未 丙申 丁酉 戊戌 己亥 庚子（夜子時）	庚子（早子時） 辛丑 壬寅 癸卯

午、未空亡		
年	乙酉　庚寅	丙戌　辛卯
月	甲申　乙酉　丙戌　丁亥　戊子　己丑	庚寅　辛卯　壬辰　癸巳
日	甲申　乙酉　丙戌　丁亥　戊子　己丑　庚寅　辛卯　壬辰　癸巳	
日	乙酉　庚寅	丙戌　辛卯
時	甲申　乙酉　丙戌　丁亥　戊子（夜子時）	戊子（早子時）　己丑　庚寅　辛卯　壬辰　癸巳

申、酉空亡

年	乙亥 庚辰	己卯
月	戊寅 己卯 庚辰 辛巳 壬午 癸未	甲戌 乙亥 丙子 丁丑
日	甲戌 乙亥 丙子 丁丑 戊寅 己卯 庚辰 辛巳 壬午 癸未	
日	乙亥 庚辰	己卯
時	丙子 丁丑 戊寅 己卯 庚辰 辛巳 壬午 癸未	甲戌 乙亥 丙子 （夜子時）

戌、亥空亡

年	甲子 己巳	癸酉
月	丙寅 丁卯 戊辰 己巳 庚午 辛未 壬申 癸酉	甲子 乙丑
日	甲子 乙丑 丙寅 丁卯 戊辰 己巳 庚午 辛未 壬申 癸酉	
日	甲子 己巳	
時	甲子 乙丑 丙寅 丁卯 戊辰 己巳 庚午 辛未 壬申 癸酉	

在《選擇求真》卷六「論山命貴祿馬」有云：

「夫空亡有吉有凶。金火山用之吉。水土山用之凶。或逢太陰太陽到山。遇空是無雲遮蔽。處處光明。金空則响。火空則發。豈為害乎。……楊公云。春土夏金秋遇木。三冬逢火是真空。此之謂也。」

此段以筆者之理解是，日課若逢空亡，以金火山用之則吉，即是二十四山中之丙、丁、巳、午、申、酉、庚、辛、乾等山，再配合太陽或太陰到向到方及太陰到坐山，則非常大吉。

筆者舉一例子如下：

有丙午年年命人祭主，造葬午山子向穴地，選擇於二〇六六年正月十七日，陽曆二月十一日寅時造葬。

日課四柱如下：

丙 戌 年
庚 寅 月
丙 戌 日
庚 寅 時

我們查閱十二地支之空亡表，得知此日課四柱正是午、未地支之大空亡位，配以午山及丙午命，全入四柱大空亡位上，再查閱午山在正月十七日，又剛如逢太陰到午山照坐，寅時（早上三至五時）中以早上四時正為寅時之中間，若天氣晴朗，一定能見月亮出現，這種配搭，正是乎合空亡之用法，就是：

「遇空是無雲遮蔽。處處光明。」

太陰到山之日期，可查閱太陰全年到山表。（見《選擇求真》玄學出版社第八十五至八十六頁，或查閱《正五行擇日精義進階》第六十五至六十六頁。）

《本篇完》

（廿四）戊己都天的制法

繼大師

戊己都天煞，是以年上起月法，求得月令所屬天干，其干是戊、己坐下之地支，在廿四山方位上，如修方造山，即是犯戊己都天煞，若戊、己方夾上四隅卦或天干，則被都天煞所夾之方位，稱為「都天夾煞」。

例如在辛巳年，以年上起月法，是寅月起庚干，即庚寅月、辛卯月、壬辰月、癸巳月、甲午月、乙未月、丙申月、丁酉月、戊戌月、己亥月、庚子月、辛丑月。

在戊戌月及己亥月，其座下地支方，就是戊己都天方，即在廿四山之戌方、亥方是也。戌與亥方是夾雜了乾方，即廿四山之乾方是夾煞都天方。剛好亥方是太歲巳方所沖之方，亦即歲破方，在辛巳年內是至凶之方，切勿犯之。

制戊己都天方之法，除用太陽到向或到方化解外，亦可用選擇日課剋制之，但剋制之同時，最好日課天干有貴人生助，切勿剋破都天方。

舉一例子，例如在二〇一〇年庚寅年，起戊寅月，至丑月起己丑月，丑方為都天煞。

若有人在此年修造丑山或丑方，祭主為辛亥命，日課取二〇一〇年庚寅年陽曆二月九日寅時，日課四柱是：

庚 寅 年
戊 寅 月
庚 寅 日
戊 寅 時

其制都天丑方之法及其好處如下：

（一） 日課為地元一氣，四寅支尅丑山，木尅土，丑山受寅木所尅。

（二） 當丑方受尅制後，都天煞雖被尅制，但日課兩庚、兩戊天干之貴人全部到丑山，即丑山方雖受尅制，但之後有貴人受生，則丑山不致於動彈不得，煞受制後而受貴人生助。

（三） 辛亥年生人，其辛干之貴人到日課四寅支上，亥命與日課四寅化合木。

若擇此日課造葬，應告以福主勿在申年懷孕生子，尤以甲申、壬申年，其次是丙申年，因日課四寅支沖申支。

此日課亦可配甲寅年命生人，甲命之祿全到日課四寅支上，寅命支是同氣，甲命之貴人到丑山，三者互有關係，相配制化得宜也。

再舉一例，有壬寅年生之福主，想在 2015 年乙未年造葬其父親陰宅墳墓，亡命 1937 年丁丑年生，坐山為子山午向。

乙未年之子山，剛好犯都天煞，乙未年都天煞在「寅、卯、子、丑」四個在廿四山的地支方，廿四山方之「甲、癸」方是夾煞都天。

化解都天煞的原則是：

（一）日課以五行去尅山，但不可沖山，如午支沖子山，故日課不可擇午支。

（二）用貴人祿馬到山相扶。

日課擇：陽曆2015年3月29日早上八時正。四柱是：

乙未　年
己卯　月
甲辰　日
戊辰　時

天干己甲合土，然而月令地支卯木剋土，卯支藏乙木透于年干而剋己月干，故己甲合土而不堅固，屬虛浮性質。修造子山，日課可分析如下：

（一）日、時支均為辰支，與戊時干均屬土，土剋水，剋子山也，戊、辰為子山之正官。

（二）乙、己之年月天干的貴人在子山。

（三）未、卯之年月地支半三合木局，生旺壬寅福主年命。子山與日、時之辰支半三合水局。

（四）甲、戊之日時天干，其貴人在丁丑年之亡命及日課太歲未支上，雖然乙未年地支沖丑亡命，但有甲、戊干貴人化解。

（五）甲日干之祿到福主寅命。

通常擇日造葬，日課不能剋山，但子山犯都天煞，用日課土氣剋子山之都天煞，而再以日課之貴人去扶山，這就是正五行擇日扶山相主的心法要訣。

《本篇完》

（廿五）陰宅造葬日課之應驗

繼大師

在正五行擇日法中，若逢真龍結穴，或是安金之陰宅，當選取日課造葬後，往往會產生吉凶之應驗，這裡關係到：

（一）真龍結穴或平安地在巒頭上之吉凶。

（二）龍穴之向度及吉砂、凶砂之方位。

（三）後代房份及出生年命與龍穴祖墳之相配。

（四）龍穴山墳造葬時之日課。

這四點東西，往往對於後代之吉凶，影響深遠。撇開龍穴之大小而言，假設是平安吉穴而不是上等大地，當選取了日課造葬後，其後所出生之人，其生辰八字，會與造葬日期有關。舉一實例如下：

昔日恩師　呂克明先生曾為一同門師兄擇取吉課造葬祖墳，日課取一九九五年乙亥年

陽曆八月廿五日申時，日課四柱是：

乙亥　年
甲申　月
戊子　日
庚申　時

日課配以乙丑年命福主，墳碑坐丑向未，其好處分析如下：

（一）日課天上三奇甲、戊、庚，貴人到丑命及丑山，乙命與日課乙年同氣兼與庚時干合金。丑山與日課子日支合土，日課申、子半三合水局，丑山為土水同宮。（亥子丑會水局，子丑六合土局。）

（二）乙命之貴人到日課兩「申」月、時支及「子」日支上，日課乙歲干之貴人亦同到申、子支上，是歲貴也。

這個日課好處盡有，與坐山及人命相配甚宜。這穴造葬一年多，福主生了一子，其出生日期是一九九六年丙子年陽曆十一月十二日卯時，日課四柱是：

丙　子　年
己　亥　月
癸　丑　日
乙　卯　時

在細心留意下，繼大師發覺兩組日課四柱，藏著極大之關係，現分析如下：

除兩者之年份外，其他三柱均有關係如下：

（一）日課甲月干與生人己月干合土。
（二）日課戊日干與生人癸日干合火。
（三）日課庚時干與生人乙時干合金。

除兩者之三天干相合外，兩者地支均是水之五行比較重，日課申、子半合水局，亥年支亦屬水，生人之年、月、日地支是亥、子、丑三會水局，兩者干支均屬水。

（繼大師註：由於私隱關係，此日課之年份及福主的生年是虛構，但其合局的數據是相同的。）

這真實造葬之日課個案經驗，使筆者對於正五行擇日古法更有信心，亦使筆者更加深入鑽研此道。

另外，在同一時期，約在一九九五年乙亥年年尾，筆者隨 呂師深交 —— 東叔，前往梅縣重修劉氏祖墳，期間發生了一件關於日課剋應之事，事情如下：

其重修之祖山坐丑向未，原來祖墳已築了約佰多年，動土日課取一九九五年乙亥年陽曆十二月十日申時，日課四柱是：

乙亥　年
戊子　月
乙亥　日
甲申　時

配以己丑福主及丑山動土興工，日課之好處如下：

（一）日課甲、戊干之貴人到丑命，己命福主之貴人到日課子、申支上，子、申支又是本身日課兩乙干之貴人，配搭相宜。

（二）日課甲干與己命合土，丑命與丑山同氣，又與日課亥、子支成三會水局。申時為乙、己干之天乙貴人時，日課動工大吉。

日課已取，一干人等於當日未時趕往該墳去，同行之中，有未年生人，而福主大嫂是鄉村人，重修祖墳，自然負責準備一切，當時辰在未時末，還未到申時，同行之未年生人站在墳前拜台邊，突然行走中被有刺之利草割破右腳，鮮血流出，但幸未算嚴重。

眾人一看之下，原來福主大嫂已跪在墳前，雙手持香，口中呢喃著，似乎向墳中人有所稟告，剛好山墳坐丑向未，而未年命人在墳之未方，又在未時用事，丑未是相沖的，故發生凶事，幸無大礙。當到申時（四時正）後，眾人便依鄉例拜祭一番，後動土興工，向地神祈請修墳順利。

如是者經過約十天時間，修墳期間，雖屢次下雨，幸好雨勢不大，未有妨礙修墳，工程總算圓滿解決。

當完山祭祀時，又發生了一件怪事，未年生人在圓山拜祭時，剛好他走到墳之拜台邊，由於水泥未完全乾掉，一不小心，把拜台邊踏破少許，幸好未做成重大損壞，經修補後無礙。

從這件事中，証明日課、生人及墓向等，均有尅應關係。即是：

（一）丑山用未時拜祭興工，以致沖在未方之未年命生人，使右腳有少許損傷而流血，是山沖人。

（二）未年人在丑山之未方作完山，以致踏破未方拜台唇邊，是人沖山。

這是一個人、山相沖之實例，是由於不慎而錯用時辰（差十五分鐘）所致，並不是有意間作出沖尅，日課之妙，真教人難以相信。

《本篇完》

後記

每一種學問都有外表及深入的一面，很多人研究一樣學問，都未能深入其中，配合現代人之步伐，其想法是以愈少時間學成愈好，若修佛法，最好能夠七日成佛，若修仙道，最好亦是七日成仙，若修天道，最好一步登天，若修禪宗，最好當頭捧喝，立刻成佛，當下煩惱解脫。

想法歸想法，實際上，每種學問，若要學得好，必須精研細讀，除有明師指點外，必須全力以赴。古人蔣大鴻先師用了卅年之時間鑽研風水學問，結果成為風水界中之一代宗師。而正五行擇日學問，看似簡單，其實要學得精細，亦非易事，故此筆者繼大師不厭其煩地一再撰寫正五行擇日書籍，就是希望讀者們認識多一點擇日學問，以致精研。

擇日學問，若要精巧，除對此道有興趣外，還要勤修苦練地研究，又從實習中得取証驗，始可弄通而明白。世界上的東西沒有一蹴即成的，興趣加努力，再加明師教導，或許會有成就。

在此希望仁人君子，按步就班地學習，努力而有耐性，這樣擇日之學，人人得之也。此《正五行擇日秘法心要》是擇日中之寶典，將擇日古法重新演繹，並加上筆者繼大師個人心得精要，尤以六合、五合之五行擇日秘法，更是首度公開其秘，且作總論詳述，書中有多幅珍貴圖表，均是由筆者首創設計。

祈望仁人君子，有志學此道者，人手一冊，重法而惜之，多行善德，與人方便，庶不負筆者之心血也。

繼大師寫于香港明性洞天

辛巳年孟夏吉日

榮光園文化中心出版有：

《正五行擇日精義初階》

《正五行擇日精義中階》
（2015 年 1 月出版）

《龍法精義初階》

《龍法精義高階》
（2015 年 12 月出版）

《正五行擇日精義進階》

《正五行擇日心法秘要》
（2016 年 7 月出版）

曾出版有：

《正五行擇日精義》

《風水巒頭精義》

《風水祖師蔣大鴻史傳》

《大地風水傳奇》等書

（丹青出版社 2000 - 2001 年出版）

以上四本著作已經絕版，
將來重新整理後會再版。

未出版：

《正五行擇日精義高階（附日課精解）》
《紫白精義全書》
《砂法精義（一）》
《砂法精義（二）》
《大地墳穴風水》
《風水靈穴釋義》
《風水秘義》
《香港風水穴地》
《大都會風水秘典》
《大陽居風水秘典》
《中國廟宇風水》
《香港廟宇風水》
《港澳廟宇風水》
《風水謬論辨正》
《三元易盤風水地師呂克明傳》
《管氏指蒙雜錄釋義註解》
《千金賦說文圖解》註解
《雪心賦圖文解義》（全四冊）註解
《地理玉函經》註解（水龍）
《金書秘奧》註解（水龍）
《郭景純卅六穴圖》註解（水龍）
《三元地理辨惑白話真解註譯》
《青烏經暨風水口義釋義註譯》
《管號詩括暨葬書釋義註解》。

正五行擇日教科書系列 — 正五行擇日秘法心要

出版社 ： 榮光園文化中心 Wing Kwong Yuen Cultural Center
香港新界葵涌大連排道31-45號, 金基工業大廈12字樓D室
Flat D, 12/F, Gold King Industrial Building,
35-41 Tai Lin Pai Road, Kwai Chung, N.T., Hong Kong
電話 ： (852) 6850 1109
電郵 ： wingkwongyuen@gmail.com

發行 ： 香港聯合書刋物流有限公司 SUP Publishing Logistics (HK) Limited
地址 ： 香港新界大埔汀麗路36號中華商務印刷大廈3字樓
3/F, C&C Building, 36 Ting Lai Road, Tai Po, N.T., Hong Kong
電話 ： (852) 2150 2100
電郵 ： info@suplogistics.com.hk
印刷 ： 印象設計印刷有限公司
Idol Design & Printing Co. Ltd.
版次 ： 2016年7月 第一次版

ISBN 978-988-13442-3-6